Alberto Jesús Vargas

MICROLATIENTES

Platero
COOLBOOKS

Título: Microlatientes
Primera edición: enero, 2024
© 2024, del texto Alberto Jesús Vargas.
© 2024, de la edición, maquetación y diseño Platero CoolBooks.
© 2024, de la foto de cubierta M. Carmen Teba
© Platero Editorial S.L.
Glorieta Fernando Quiñones s/n .
Edif. Centris, planta 2, módulo 10. 41940 Tomares (Sevilla)
info@plateroeditorial.es
www.plateroeditorial.es
Diseño de portada: Platero CoolBooks.
Printed in Spain-Impreso en España
ISBN: 978-84-10062-13-9

A todos los que fueron y a todos los que se fueron.
Y a ti, que siempre estás conmigo.

Prólogo

En su blog, sin miedo a revelar sus fuentes de inspiración, Alberto Jesús Vargas sostiene que las historias están ahí, al alcance de cualquiera, a la espera de que «alguien las recoja y las escriba». Es cierto que existen personas dotadas de un radar natural que no para de recibir señales, que toman lo cotidiano como caldo de cultivo. Alberto ha nacido con ese don que detecta brotes invisibles para la mayoría, con los que crea personajes, situaciones, argumentos y mundos.

Esta búsqueda incesante se traduce en unos microrrelatos de temática variada, lo que no quita para que la atención del autor sea más incisiva en ciertos temas. El abuso de autoridad, la hipocresía y las desigualdades están muy presentes. Puede tratarse de miembros de la institución eclesial poco ejemplares, tal vez maridos borrachos y violentos, o silenciosos asesinos. En muchas de sus historias el conflicto está servido, con culpables y víctimas, en un mundo de apariencias y vida secreta, en el que la verdad se oculta bajo un escenario de falso cartón piedra.

Estamos ante un escritor que pone negro sobre blanco las debilidades de una sociedad que a menudo parece haber perdido el norte, donde no está bien visto pensar demasiado, en la que triunfan los que no tienen escrúpulos, que mima a las mascotas y abandona a la gente, que deja atrás pueblos y campos para volverse cada día más artificial, puede que sofisticada también, pero a costa de perder la esencia, obsesionados con el cuerpo y olvidados de las relaciones humanas.

Estos microrrelatos transmiten verdades como puños, por lo que a veces golpean, ponen de manifiesto que la soledad y la incomunicación predominan, paradójicamente, en un mundo saturado de estímulos y mensajes que condicionan las relaciones, al volverlas rápidas y superfluas. El autor se atreve a reconocer y mostrar con estilo que tanta información no enseña qué hacer cuando aparece el desamor y la inercia, si se apagan las ilusiones y los ciclos terminan, nos hace preguntarnos por qué nunca acabamos de comprender el sentido de la vida y de la muerte.

Alberto, a veces, adereza este entorno incierto en el que nos movemos con fantasía y sorpresas que ayudan a la evasión. Igual podemos encontrar muertos que abandonan sus tumbas, fantasmas que utilizan efectos especiales, androides futuristas, o canciones que pueden matar. Temas trascendentes, problemas y personajes siniestros son revestidos con frecuencia de un toque de humor que les sienta de maravilla.

No puede dejar de mencionarse que en estas historias aparece el afán de libertad para vivir cada cual según su naturaleza y condición, sin que nadie restrinja su manera de ser feliz, que puede resultar tan variada como personas hay en el mundo. Algunas de estas líneas muestran sentimientos y amor en valiente pugna por abrirse paso sobre prejuicios absurdos o interesados. El soberbio microrrelato que cierra el libro viene a ser un compendio de todo lo que nos transmiten los demás: la necesidad de aprovechar el tiempo, de no malgastar con minucias ni límites la vida, tan valiosa como menguante.

De poco sirve detectar historias si no se saben contar. Apreciamos algo meritorio en un creador: el uso de un lenguaje en apariencia sencillo, pero rico en vocabulario, con una prosa muy cuidada y dominio del oficio. Frases elegantes que atrapan sentimientos y los comparten en un abrazo de letras, con tanta soltura final como autoexigencia previa.

La excelencia en el contar no surge sin trabajo. Vocablos y sentencias han pasado por muchos repasos y reposos hasta conseguir argumentos redondos, sin resquicios, que podrían asimilarse a un menú de degustación, maravillas breves e intensas que explotan en el paladar. Por un lado sacian el hambre que tenemos de historias que se paladean, con un regusto que perdura, pero también abren el apetito, dejan con ganas de más, como puede verse en esta muestra llena de lirismo: «Y en la triste distancia sin olvido, unas fiebres malditas convirtieron el afán de vida del abuelo en un silencio de tierra a la sombra sagrada de una ceiba».

Este libro solo tiene un defecto: se termina. Pero las buenas páginas están abiertas a relecturas. Como sucede con la cocina de calidad, es posible repetir, la receta está escrita y los ingredientes dispuestos.

Los escritores de literatura breve dan muchas vueltas a la hora de disponer el orden en que colocarán sus obras en un volumen, no es nada baladí, como no es lo mismo ser el segundo o el tercero de varios hermanos. El buen criterio de Alberto ha dispuesto sus microrrelatos en orden alfabético, de manera equilibrada, seguro que si a la «a» le sigue la «b» es por un motivo. Las letras sabrán, que sean ellas las que hablen, quienes hagan disfrutar, latido a latido, de este derroche de creatividad y fuerza escrito con el corazón.

Ángel Saiz Mora,
Periodista y Escritor

Índice

13

*Dentro de cada relato late un corazón que no pertenece
a ninguno de sus personajes.*

Andenes opuestos

Por cuestiones estrictamente laborales hablan a menudo por teléfono. Nunca se han visto, aunque sus llamadas cada vez se alargan más. A ella le encanta esa voz profunda que parece acariciarle la cara y a él le alegra el día la simpatía que ella regala. Se han contado muchas cosas de sus vidas felices y hasta se han descrito a sí mismos para satisfacer la mutua curiosidad. Él presume de alto. Ella de tipazo. Muchas mañanas coinciden en andenes opuestos del metro. Se ignoran. Ella jamás se fijaría en un tipo tan bajito, ni él en una chica tan oronda.

ÁNGELES

Al amanecer encontraron muerto al padre Mariano. Había caído por las escaleras que conducen a nuestro dormitorio. Los niños de nadie que allí dormíamos juramos no haber visto nada, no haber oído nada y, aunque en el funeral fingimos pesar, nos sentimos liberados sabiendo que por fin podríamos dormir con esa paz con la que dicen duermen los ángeles, sin el miedo a las manos frías y al aliento turbio de las madrugadas. Y fue así las dos primeras noches, pero, a la tercera, un escalofrío recorrió nuestras camas al escuchar de nuevo unos pasos lentos, sigilosos, subir por la escalera.

BORDADORA

Un barco mercante lo trajo a Sevilla y unos ojos negros lo anclaron al barrio de Santa Cruz. Fue una tarde de marzo cuando paseando entre calles estrechas descubrió a la muchacha que bordaba sentada a la luz de su ventana. Él, por tener algo de qué hablar, le preguntó por la calle del Agua y ella no pudo evitar llevarse a la cara el color de sus geranios. Desde entonces, el marinero ronda la reja de la bordadora y, mientras ella estampa claveles en mantoncillos de fiesta, él le hace brotar rosas de amante en el corazón.

—Me quedo para siempre en Sevilla y juntos iremos a bailar a la feria.

—¡Ay, miarma! ¡Pero si yo nunca he bailao!

Y cuando los faroles iluminan la llegada de la noche, la presencia de la madre anuncia que es hora de cenar. Él la saluda cortés y se despide amable de ambas. Y mientras el galán se aleja despacito por la callejuela, la madre mira a su hija y con dulzura la exhorta:

—Cariño, es mejor que lo sepa.

Y tras cerrarle la ventana que ilumina sus días, le empuja la silla a la que está condenada camino del comedor.

BURLADORES

Al baile de carnaval acudió disfrazado de don Juan, incorporando con su atuendo esa actitud prepotente de la que hizo gala semejante personaje. Ella, por su parte, apareció con un blanco hábito de novicia con roja cruz de Caravaca bordada al pecho, evocando a la cándida doña Inés. Al descubrirse mutuamente concluyeron que aquello no podía ser casualidad y que esa noche estaban destinados a entenderse. Bailaron, rieron y se dejaron llevar por un río de *gin-tonics* hasta que, agotados por la madrugada, decidieron descansar en la penumbra de un sofá que, en un lugar algo apartado, invitaba a la confidencia. Allí, un desvalido don Juan, herido por la dulce estocada del amor, empezó a dejarse embaucar por todas las armas de seducción que una doña Inés poderosa ponía en juego, decidida a vengar por ella misma a todas las doñaineses que en el mundo han sido.

Cachivaches

Ha decidido esconderse en el viejo baúl que heredaron de la abuela. No se le ocurre mejor manera de protestar por la decisión que sus padres han tomado de desmantelar la casa para irse a vivir cada uno por su lado. Nadie parece haber pensado en él. Tampoco el señor de la mudanza que, demasiado atento a la música de sus auriculares, echa la llave del improvisado escondite antes de dejarlo arrumbado, junto al resto de los cachivaches que ninguno ha querido, en la oscuridad del trastero.

CALIGRAFÍA

Trataba de parecer torpe, lento, inseguro. Agarraba el lápiz con fuerza y fingía no saber dibujar con soltura las letras en su cuaderno de caligrafía. De vez en cuando el maestro, que se paseaba entre las mesas vigilando el trabajo de los niños, pasaba por su lado. Era entonces cuando él resoplaba aparentando impotencia y conseguía que don Luis se le arrimase y, agarrando su pequeña mano, le ayudase a marcar los perfiles en su plana de minúsculas, con la presión adecuada y la inclinación correcta. Le resultaba agradable sentir el tacto cálido y húmedo de la mano grande y diestra de su maestro. Pero lo que más le gustaba era ese olor que le dejaba y que tanto le recordaba al olor de la que, además de tutora de tercero, era su madre.

CALLE LARIOS

Sus padres nunca hubieran soñado que de adulto, su niño sordo y pobre de nacimiento, llegaría a vivir allí. Calle principal de Málaga, construida por el segundo marqués de Larios, que la nominó con su título de nobleza, fue trazada para unir en línea recta el puerto con el corazón de la ciudad, facilitando así no solo la entrada de las mercancías, sino también del aire del mar. Todavía recuerda su infancia, cuando paseaba de la mano de sus padres por aquellas aceras embaldosadas y miraban, con la distancia que miran los humildes, los escaparates de esas elegantes tiendas a las que ellos nunca osarían a entrar. Hoy, que ya no están, le gustaría contarles que se siente el vecino más afortunado de los pocos que entre comercios y oficinas allí aún resisten. Debido a su sordera, ni tambores de Semana Santa, ni algarabía de feria, carnavales o Navidad logran perturbarle. Por eso, cada noche, besa agradecido su estampita del Cristo de Mena antes de ocupar su habitual rincón en el cajero del Banco de Bilbao.

Canción insufrible

Aquella canción se le metió en la cabeza y no le abandonaba ni de noche ni de día. Fuera donde fuera. Hiciera lo que hiciera le acompañaba sonando sin tregua. Lo intentó todo, incluso ponerse tapones en los oídos, pero solo consiguió empeorar aquel martirio, porque la música machacona se reproducía incansable dentro de sí mismo. Acabó dejándose matar sin oponer resistencia por la fatal melodía, la misma que sonó en su funeral por orden expresa de su esposa.

CÁNDIDA

Llegué a preocuparme por mi vecina. No, no es que seamos amigas. De hecho nunca hemos hablado. Sé que se llama Cándida y que desde hace poco ocupa, junto al que debe ser su pareja, la vivienda contigua a la mía. Parece una buena mujer, de aspecto frágil y vulnerable. Él, sin embargo, un tipo extraño de mirada opaca y colmillo de oro, me provoca mucha desconfianza. La otra noche, en el silencio que siguió a una de sus habituales discusiones, pude escuchar, a través de la pared del cuarto de baño, un ruido que me resultó más que molesto, inquietante. Parecía el motor de una sierra mecánica. Quizás influida por las películas de terror a las que soy tan adicta, dormí fatal sin parar de darle vueltas a la cabeza. Afortunadamente, a primerísima hora de la mañana oí su puerta y por la mirilla pude verla subir al ascensor cargada con bolsas de basura. Suspiré aliviada y me sentí ridícula por montarme historias. Ahora las cosas parecen ir mejor entre ellos. Desde esa noche no he vuelto a oírlos discutir.

Caos

Ahora que los números han dejado de ser lo que eran, que las operaciones matemáticas ya no dan el mismo resultado, que el orden de las cosas se ha vuelto caprichoso y que, en definitiva, las leyes que rigen el universo han empezado a transgredirse a sí mismas, solo mamá sigue siendo capaz de organizarse en medio de este caos para conseguir, como siempre, llegar a fin de mes.

Chismes

Me hice amigo de una mosca. La más cotilla. La que se colaba por todas las ventanas y luego venía a contarme al oído los chismes del vecindario. Podría parecer un delirio. Incluso mi psiquiatra, cada vez que le he hablado de ella, me ha aumentado la medicación, pero mi pequeña soplona siempre ha sido muy real. Hoy mismo se ha atrevido a seguir a mi mujer para luego venirme con el cuento. Yo he preferido no escucharla y de un manotazo despachurrarla sin piedad. Al fin y al cabo se es más feliz sin andar con la mosca detrás de la oreja.

Cinco de espadas

A la abuela le gustaba leer el futuro de nuestra familia. Desplegaba las cartas formando un triángulo, las miraba con atención y, cuando terminaba, suspiraba con alivio antes de recogerlas. Ignoraba que mamá, con esa capacidad suya para fingir normalidad, le tenía escondido el cinco de espadas de todas las barajas. Tardé demasiado tiempo, pero descubrí dónde. El día que la abuela sacó por fin la fatídica carta, se quedó pálida y muda. Yo sonreí. Aquella misma noche papá no regresó borracho y violento como de costumbre. Lo encontraron muerto con cinco puñaladas junto a la tapia del burdel.

Cinco palabras

Si alguna vez pudieras mirarme a los ojos descubrirías muchas cosas que no me atrevo a decirte. Tú siempre ahí y yo siempre errante, convertido en un perenne buscador de excusas para volver a acercarme. Un cliente más al que casi ignoras y del que ignoras todo, que inventa motivos para perderse carretera adelante solo para verse obligado a regresar y encontrarse de nuevo contigo. Recibir tu saludo amable o dejarte mi despedida cortés, pero llena de emoción, es ahora casi lo único que me importa. Dicen que hay distintos caminos por donde el amor es capaz de colarse en lo más profundo de cualquiera de nosotros. Puede entrar por el paisaje de un cuerpo, de un rosto o de unos ojos llenos de luz, por el olor a primavera que pide ser compartida o por el tacto hecho roce único, casual o intencionado, pero siempre vivido como caricia. También puede adentrarse por el timbre de una voz que se convierte en la música de tu vida. Y por escuchar tu voz vuelvo a acercarme a ti enamorado, casi nervioso, dispuesto, una vez más, a disfrutar nuestro momento compartido. Soñando con ser el héroe que algún día tendrá el valor de rescatarte, de sacarte de esa prisión en la que estás atrapada y desde la que, sin embargo, no dejas de regalarme tu sonrisa intuida y esas cinco palabras que anuncian, desde el interior del surtidor, el tipo de gasolina que he elegido.

COLEGIALAS

A través de las rejas puedo ver a mis compañeras de orfelinato jugar en el patio. Unas corretean alegres. Otras cantan y saltan a la comba. Algunas hacen del equilibrio una manera de divertirse sobre la rayuela pintada en el suelo. Incluso las mayores, como una travesura más, hoy se han atrevido a fumar en los escalones de la capilla. ¡Parecen todas tan inocentes!, pero yo sé muy bien que no lo son. Quise advertir de ello a las monjas y solo conseguí que mis propias compañeras me acusaran de chivata y de traidora, por eso me tienen encerrada aquí a pan y agua. Y aunque es triste verse así, no puedo quejarme. Peor suerte han corrido las monjas.

COMO SI TAL COSA

Los que hoy van a morir siguen haciendo su vida como si tal cosa. Miguel se recorta la barba ante el espejo y se deprime al descubrir la primera cana que ha aparecido en su mentón. Paloma termina de arreglarse para acudir a la cita con el ginecólogo, muy preocupada por ese bulto que se palpa en el pecho. Magdalena, subida en la báscula, se siente culpable y promete empezar cuanto antes la dieta que siempre va posponiendo. También hay alguien que escribe el que será su último relato y lo deja inconcluso porque no le encuentra un final. Amanece y empieza a llover. La radio advierte: «Precaución, con la lluvia el asfalto pierde adherencia y aumenta significativamente el número de accidentes».

Confinado

Decidió que no estaba dispuesto a correr riesgos y se blindó dentro de las tapias con las que, dado su carácter huraño, tenía acotada su propiedad. Evitar totalmente el contacto social era la única manera de protegerse contra el virus que desde el oriente se había ido extendiendo por el resto del mundo. Desconectó su teléfono móvil, su acceso a internet y dejó de ver televisión o escuchar radio. Cualquier información proveniente del exterior no hacía más que acrecentar su angustia, y últimamente todo eran malas noticias. Para sobrevivir contaba con una buena despensa, el agua del pozo y un generoso huerto.

Ahora que ha pasado cierto tiempo, se ha dado cuenta de que echa de menos al resto del mundo más de lo que pensaba. Ha intentado reconectarse, pero empieza a sospechar que algo ha debido ocurrir. El teléfono está sin cobertura y no logra entrar en internet. Tampoco consigue captar ningún canal ni emisora y al abrir su buzón ha descubierto que hasta el banco ha dejado de mandarle cartas.

Consuelo

Se pasaba el día llorando sin ningún motivo concreto, solo porque su vida era triste y aburrida. Por darle algún sentido a su llanto, solía colarse en el tanatorio para confundirse plañidera con los dolientes. Allí, un lluvioso lunes de noviembre, sus húmedos ojos se cruzaron con los de un recién enviudado deshecho en lágrimas de duelo y juntos decidieron consolarse mutuamente.

Ahora, que ya no está sola, ha perdido sus viejas costumbres y no falta quien asegura que algunas veces hasta la ven sonreír.

CONTEMPLATIVA

Subió hasta la azotea de su edificio, como hacía cada noche después de bajar la basura. Se escapaba así, por un rato, de un marido que dormitaba frente al televisor y de sesenta metros cuadrados de aburrimiento. Allí arriba todo parecía distinto y, en un silencio de sábanas tendidas, contempló una vez más al firmamento evocando a ese hombre, único entre todos, con el que no quiso escaparse por pura cobardía. Y cómo alguien como él no podía ser de este planeta, no perdía la esperanza de que volviera a rescatarla en una nave de luz, para hacerla feliz en su remota galaxia.

Coro de monjas

En la clausura del convento las monjas profesaban voto de silencio. Solo les estaba permitido hacer uso de la palabra para cuestiones estrictamente relacionadas con la oración y los cánticos, el trabajo diario o el ejercicio de la confesión. Sor Tormento nunca habló, se comunicaba por gestos y se hacía acreedora a la penitencia confiando sus pecados por escrito al confesor. Podría haberse afirmado que padecía una absoluta incapacidad para emitir sonidos vocales, si no llega a ser porque, a la hora de entonar en el coro, su potente voz de contrabajo se imponía a las dulces vocecitas de sus hermanas en Cristo.

Cuarto cerrado

La última vez que vi a la abuela estaba muy contenta haciendo su maleta. Me contó que no aguantaba más a mamá y que se marchaba a Alemania. Iba a reencontrarse con un antiguo novio con el que se llevaba escribiendo desde hacía unos cuantos meses. Cuando volví del colegio ya no estaba. Se marchó sin ni siquiera despedirse de mí, dejando su habitación cerrada con un enorme candado. Mamá, que nunca la soportó y que más de una vez llegó a decir que tenía que cargar con ella porque la casa era suya y además dependíamos del dinero de su pensión, me tiene prohibido nombrarla. Hasta la creo capaz de esconder las cartas que haya podido escribirme. Sé que la abuela me quiere y yo la sigo teniendo muy presente, tanto que, a veces, en el silencio de la madrugada, hasta me parece oírla con un llanto amordazado tras la puerta cerrada de su dormitorio.

CUENTOS

Nuestra madre nos contaba cuentos antes de dormir. Eso sí, huía de los relatos fantasiosos que, según ella, volvían estúpidos a los niños. Con sus historias, nos decía, trataba de enseñarnos a afrontar la vida real. Recuerdo algunas de ellas, como la del perro guía que se sacaba los ojos en solidaridad con su amo y acababa abandonado en la perrera municipal, o la de la inocente mujer que, después de perder pareja y trabajo, termina condenada por congelar al bebé parido en tal mal momento y al que esperaba poder darle en el futuro una vida mejor, o la de los dos hermanos que tenían encerrado a pan y agua al abuelo que los rescató del desamparo y no conformes con vivir de lujo a costa de los ahorros del viejo, se gastaban en porros el dinero que cada mes le ingresaban de pensión. La moraleja era siempre la misma: «El que actúa por amor siempre se equivoca», y aunque a nuestra edad no entendíamos la profundidad de la frase, como sabíamos que era con la que cerraba toda narración, nos hacía gracia decirla a coro con ella cuando tocaba. Así conseguía que nos durmiéramos con una sonrisa, aunque luego, de madrugada, nos despertáramos ya sin ella cuando nuestro padre, con su habitual borrachera, la emprendía a golpes con todo, incluida mamá.

DE LUZ Y DE COLOR

A pesar de que en su casa solían pasar estrecheces, se sentía la niña más presumida del arrabal. Soñaba con vestidos airosos, faldas de vuelo y lazos de color rosa, siempre rosa. Le fascinaba Marisol, la estrella que siendo de su misma edad era capaz de llenar las pantallas de luz y de color. Cuando en el cine del barrio daban alguna de sus películas, se las apañaba para colarse allí cada tarde si, como solía ocurrir, no tenía las diez pesetas que costaba la entrada. Quería ser como ella, bonita, salerosa y, sobre todo, admirada por la gente. Delante del espejo la imitaba cantando trocitos de sus canciones: «La vida es una tómbola, tom, tom, tómbola…», «Ola, ola, ola, no vengas sola…» Mamá le reía la gracia y hasta a veces cosía faralaes en algún vestido viejo y le ayudaba a darse un toque de colorete y carmín. Sin embargo, delante de papá, ocultaba su complicidad y ni siquiera intervenía cuando él se quitaba el cinturón y descargaba su rabia de perdedor sobre aquel cuerpo indefenso y frágil, mientras sentenciaba que la peor deshonra para un padre es que un hijo le salga maricón.

DESHEREDADOS

Una noche más, un ejército disperso de desheredados recorre la ciudad. Compitiendo con perros y gatos callejeros, rebuscan en las basuras para apoderarse de las cosas más diversas e inútiles antes de que pasen los de la recogida. Cuando eso ocurra, ellos ya estarán reunidos en su lugar secreto donde, con lo que ya no sirve y una paciente tarea de reciclaje, seguirán preparando la revolución pendiente de aquellos que a nadie importan.

DISIDENTES

La ciudad de los amantes se quedó vacía. Todos los que la habitaban emigraron al páramo del desencanto donde se copula sin caricias ni besos. Solo dos soñadores, disidentes, han seguido vagando por el laberinto de sus calles buscando, cada uno por su lado, a alguien con quien encontrarse. Cuando por fin coinciden, se miran a los ojos y descubren que también las mariposas, esas que deberían aletear en sus estómagos, han huido de aquel lugar, ya para siempre maldito.

Doña Luisa

Durante años tuve miedo a la oscuridad. La oscuridad era una amenaza sin fondo donde cabían todas las cosas a las que teme un niño. Un enorme agujero negro al que se podía caer o ser abducido alejándote para siempre de aquellos que te protegen. Para mí la oscuridad no tenía forma, pero sí encerraba un personaje que ocupaba el centro de todos los miedos. Doña Luisa.

Doña Luisa era vecina, pared con pared, de mis abuelos. Tenía la misma edad que tienen las brujas de los cuentos y una cara macilenta enmarcada por una melena descuidada y áspera de un color entre negro y ceniza, que acababa antes de alcanzar sus hombros. Vestía siempre de luto y pasaba las horas asomada al trozo de mundo que podía divisar desde su ventana, de planta baja, con sus pequeños ojos grises encerrados dentro de unos redondos anteojos de carey. Detrás de ella, fuese de día o de noche, siempre la perenne tiniebla de su dormitorio y quizás del resto de la casa.

Doña Luisa compartía vivienda y vida con su único hijo, Mateo, un hombre alto como el monstruo de Frankenstein, aunque mucho más siniestro, con cara alargada de mentón prominente y unas manos enormes y amarillas de estrangulador. Mateo rara vez salía de casa. No trabajaba gracias, según se decía, a las rentas de unas propiedades heredadas. Los vecinos rumoreaban que era tal la devoción que sentía hacia su madre que, no solo estaba el día entero atento a sus necesidades, sino que cada noche ocupaba con ella el mismo dormitorio, y no faltaba quien aseguraba que hasta la misma cama. Todos coincidían en que era gente rara. A mí me daban mucho miedo.

En verano, a la caída de la tarde, Mateo repetía a diario el mismo ritual. Abría de par en par las dos hojas de la puerta de su casa que, como todas las que se alineaban a lo largo de la calle, daba a una pequeña terraza cerrada con balaustradas, y colocaba ante el escalón de la entrada al vestíbulo una cuña de madera que le permitía empujar por ella la silla de ruedas de doña Luisa, porque doña Luisa estaba impedida y sobre sus piernas, aun en los días de terral, siempre llevaba una manta de cuadros por la que asomaban, inmóviles, un par de zapatos negros y de punta redonda. Era entonces cuando entablaba un rato de conversación con mis abuelos que, sentados a la fresquita en la terraza de al lado, huían del calor que se había acumulado durante todo el día en el interior de su casa. Doña Luisa, con las manos sobre el regazo, hablaba de sus tristezas con una voz pequeña y dulzona. Luego, su hijo, tras encararla hacia la calle, ignorando a los vecinos que de vez en cuando transitaban la acera y a los que tenía ya acostumbrados a no saludar, repasaba viejos ejemplares de *El Caso* mientras ella, en una siesta tardía, derrumbaba la cabeza torcida y desgreñada sobre el pecho, dejando asomar, desencajada, la dentadura postiza.

Y una tarde de principios de septiembre, doña

Luisa ya no salió a su terraza. Antes de almorzar había pedido a su hijo un vaso de agua que no llegó a beberse. Murió de repente y con sed. Desde ese día, doña Luisa entraba cada noche en mi cuarto, cuando mi hermano, con quien me tocaba compartirlo, me hacía apagar la luz. Oculta en la oscuridad, me obligada a esconder la cabeza bajo el cobertor o la almohada y, a veces, incluso, se colaba en mis sueños. Durante años la hice protagonista de mi abismo. Hasta que por fin, un día, sintiéndome ya lo suficientemente adulto, decidí dejar de huir y atreverme a mirarla de frente para descubrir lo que realmente era, lo que realmente había sido, una pobre mujer que vivió atrapada en una vida sin más opción que la tristeza y sin más poder sobre mí que el que yo mismo le daba. Fue entonces cuando comprendí que cada uno habitamos en exclusiva nuestra propia oscuridad y debemos aprender a sobrevivir en ella y a hacernos responsables de nuestros propios miedos.

Efectos especiales

Cuando oían introducir la llave en la puerta de entrada, corrían a esconderse entre las vigas y el falso techo. Otra nueva familia venía a ver la casa junto con el agente inmobiliario. Si decidían alquilarla, se verían obligados a poner en marcha, una vez más, todo el despliegue de efectos especiales que tan buenos resultados les había dado en las anteriores ocasiones. Estaban seguros de que más pronto que tarde nadie querría vivir allí y volverían a ser tan felices como lo fueron antes del desahucio.

EL AMOR DE UN PADRE

Yo nunca fui buen estudiante, para eso estaba mi hermano. Yo nunca fui alto ni destaqué jugando al baloncesto, para eso estaba mi hermano. Yo nunca fui guapo, ni supe ganarme a la gente, para eso…

Mi padre, procurando cumplir con el deber que tiene todo padre de querer por igual a sus hijos, se esforzaba en buscar un motivo para quererme tanto como quería a mi hermano. Y estoy seguro de que lo intentaba, pero como no lo conseguía, acababa siempre diciendo: «este chico tiene que ser muy bueno en algo que aún está por descubrir». Esa era la manera que él tenía de expresar, sin saber que lo hacía, lo poco orgulloso que de mí estaba.

El don de la belleza

El cielo le otorgó el privilegio de la alcurnia, pero le negó el don de la belleza. Criada con atenciones de hija única, sus padres la protegieron de la burla de otras niñas dándole una educación solitaria con los profesores más notables. Desarrolló así un espíritu sensible unido a un gusto exquisito por el arte y, cuando heredó fortuna y títulos, tuvo el capricho de ser plasmada con la hermosura de la que carecía por un pintor de talento que se ganaba a duras penas la vida en el bulevar de los bohemios.

En los días de posado, el trato entre ambos se fue haciendo afable y mientras ella compartía confidencias, él transformaba con hábil pincelada un cabello sin gracia, en ondulada melena, unos ojos hundidos, en luminosa mirada y hasta una tez cetrina de pómulos marcados, en tersas mejillas de porcelana fina.

Cuando el retrato estuvo acabado, la dama deslumbrada lloró ante él la amarga soledad de sus noches mientras el artista, que había salvado la verdad de aquel rosto en otro lienzo pintado en la intimidad de su buhardilla, lloraba su impotencia de pobre diablo que nunca podría aspirar al amor de la marquesa.

EL ENTIERRO DEL TÍO DEMETRIO

Nos hemos visto obligados a enterrar al tío Demetrio en la más estricta intimidad, sin flores, marcha fúnebre ni una ceremonia como la que a él le hubiera gustado, pero convencidos de que era la dichosa finca de Badajoz, esa que él se obstinaba en no vendernos, el mejor lugar para darle sepultura. Y aunque lo primero que hicimos, antes de meterlo en la caja, fue quitarle el reloj de oro y la cartera, con la violencia del forcejeo olvidamos que llevaba el móvil en otro bolsillo. Ahora toca esperar a que se le agote la batería, lleva un buen rato al teléfono sin parar de insultarnos.

EL HOMBRE PERFECTO

Se puso de moda hacerse con un hombre perfecto. Como se servían debidamente tuneados según las preferencias de cada clienta, la buena de Matilde encargó el suyo. Fue muy exhaustiva a la hora de enumerar todas las virtudes que su androide debía reunir. Además, tuvo el capricho, y así lo hizo constar en el apartado «peticiones especiales», de que llevase su nombre, el de ella, tatuado en el hombro izquierdo con una rosa encarnada sustituyendo al punto de la i.

Al principio se sintió la mujer más feliz del mundo con su nueva adquisición y disfrutó entusiasmada de una luna de miel repleta de pasión y atenciones junto a su chulazo a medida, pero programado para complacerla en todo y nunca disentir, pasado no mucho tiempo le resultó tan previsible como empalagoso y optó por desconectarlo y arrumbarlo en el trastero. Fue entonces cuando sintió la necesidad de volver a los garitos de la noche en busca de algún hombre imperfecto de esos de los que tanto había renegado, sin saber que, debido a la gran demanda producida en las últimas semanas, ya no quedaba ninguno disponible.

El niño más bonito de Occidente

Juan el Rondeño, buhonero, viajaba por los pueblos en su viejo carromato. Una túnica amarilla bordada de dragones era su ropa de trabajo y se hacía llamar Chino Huang. Con su rostro de aceituna maquillado de azafrán y el contorno de los ojos alargados a pincel, ocultaba un pasado bandolero y distorsionando su acento andaluz pregonaba maravillas traídas, decía, del Oriente Lejano. Lo mismo ofrecía un pai pai con frescos aires del Yangtsé, que las doradas hojas del té capaz de devolver esplendor de juventud, o el curioso bisoñé de pelo tan natural que crecía en la cabeza del que acertara a llevarlo. Cualquier cosa podía salir de su baúl. Y aunque convencido de que cargaba con un sino que le condenaba a la soledad, un buen día encontró su mirada con la de una moza trigueña fascinada por aquel exotismo ambulante y, enamorado, le regaló su anillo de falso topacio imperial. Juntos desde entonces, siguieron haciendo camino y a la segunda primavera, la vida les premió con el pequeño Huanguito, un niño especial, de pelo amarillo y rasgados ojitos orientales. Sin duda, para ellos, el niño más bonito de Occidente.

El pastelero de Londres

El día que a la entrada de Hyde Park una niña rica le tiró un bizcochito mordisqueado desde un landó de dos caballos, descubrió su vocación por lo dulce. Gracias a su empeño y a una buena disposición a ser explotado, aquel hijo del hambre logró ser admitido, con apenas doce años, como aprendiz de un maestro pastelero. No tardó en destacar por su talento para una repostería a la que supo imprimirle un sello personal. Llegó incluso a adquirir tal fama entre la clase alta de Londres, que se permitió montar negocio propio. Su verdadero arte no estaba en la mezcla de ingredientes, ni en el trabajo de la masa, ni siquiera en el punto de horneado. Su verdadero arte era el de la transformación, el milagro de convertir las tristes mantecas de las descarriadas que poblaban la noche del East End de Londres en exquisitos pasteles que deleitaban los refinados paladares del West End. Y mientras otros hablaban de Revolución Industrial y de lucha de clases, él defendía el noble sentido de la miseria, servir de materia prima para embellecer el mundo.

El príncipe y la doncella

Al príncipe lo despertó un impertinente rayo de sol que, burlando el pesado cortinaje del dormitorio, iluminó el zapatito de cristal que reposaba en su mesilla. Lo primero que hizo fue pedir que le trajesen con el desayuno algo para la resaca. La noche anterior había bebido demasiado y siempre que esto ocurre pierde todo sentido de la medida. Solo recordaba su baile con una hermosa muchacha cuando aún se mantenía sobrio.

Simultáneamente, desde el patio de armas empezó a llegar el sonido del carro que, en cumplimiento de la orden dada a una hora intempestiva, hacía su entrada cargado de pies izquierdos debidamente etiquetados con el nombre de su correspondiente doncella. Y es que el príncipe, cuando se emborracha, no acepta un no por respuesta.

En casa del abuelo

Cuando mamá tenía que viajar nos dejaba en casa del abuelo. El abuelo era para todos un hombre encantador, querido por la familia y apreciado por los vecinos, amante de los animales y paciente con los niños. Sin embargo, cuando cerraba la puerta y nos quedábamos a solas con él, cambiaba de expresión y se convertía en un extraño. Tras los libros ocultaba una asquerosa colección de vísceras conservadas en tarros de formol, que le gustaba mostrarnos con morbosa complacencia. Y como complemento a tan peculiar afición, ocupaba las tardes diseccionando animales, normalmente reptiles y pequeños mamíferos, para extraerle sus órganos internos ante nuestros ojos horrorizados. Luego, sobre la misma mesa de mármol en la que había realizado tal tarea, nos ponía la cena, siempre hamburguesas de carne poco hecha, que debíamos comernos ante su intimidatoria mirada. Para rematar la jornada, nos sentaba al calor de la chimenea y nos leía tenebrosas historias de ogros antes de mandarnos a dormir. Cuando subía a comprobar si ya estábamos acostados, nos apagaba la luz y cerraba la puerta del cuarto. Era el momento del terror. Él se quedaba dentro.

ENCADENADOS

Arturo mañana no trabaja. Él, que quiso ser un gran chef y tener su propio restaurante con estrella Michelin, lleva años en el mismo bar sirviendo bocadillos de calamares y aguantando a un tipo que por ser el dueño se cree con derecho a escupirle diariamente su constante malhumor. Arturo está casado con Marta, una mujer que estudió Interiorismo y terminó atrapada en un piso de cincuenta metros soportando a un marido que huele a fritanga y está acostumbrado a lanzar contra ella su enojo de perdedor. Ambos tienen un hijo, al que llaman Javi, cuyo sueño es pilotar motos lejos de esa guerra que es su casa y, aunque se siente hostigado por una madre siempre irritada, se alegra de haber dado con Eladio, un compañero de clase gordito y con gafas con el que puede descargar su rabia empujándole a los charcos y pateándole como a un balón. Así ha conseguido que el pobre Eladio se odie tanto a sí mismo que haya decidido dejarse caer como una lágrima desde la azotea de su edificio. Por eso Arturo mañana no servirá bocadillos. El bar permanecerá cerrado para que su dueño pueda llorar a Eladio, su hijo menor.

Es dura la intemperie

Con su gato Fortuna, que fue lo único que le quedó tras declararse en bancarrota, se plantó a pedir limosna en una esquina. Es dura la intemperie y la gente de bien, conmovida ante esa imagen de mendigo con gatito, no dudaba en soltarles alguna moneda. Fueron determinados activistas los que denunciaron la penosa situación y promovieron que la ciudadanía se movilizara. Así lograron que los pertinentes servicios municipales intervinieran por fin. Al felino, tras una minuciosa revisión veterinaria, se le acogió en un albergue para animales desamparados en el que no le faltaría de nada y, al que fuera su dueño, en aplicación de la ordenanza municipal, se le impuso la correspondiente sanción por maltrato animal. Y allí sigue, pasando frío en su esquina e intentando sacar, además, para saldar la multa.

Evacuación

El fuego avanzaba sin control arrasando montes y barrancos. Como su frente principal se dirigía decidido hacia el pueblo ayudado por un viento favorable, los vecinos recibieron orden de evacuar sus viviendas en apenas unos minutos. Las llamas que se aproximaban parecían deseosas de acabar con todo. Juan, que había regresado allí con el único propósito de vaciar la casa familiar y se vio sorprendido por el incendio, tuvo tiempo de salvar solo tres cosas: el diario íntimo que, escrito con letra y lágrimas de adolescente, permanecía escondido en el palomar; el póster de Madonna, con el que sustituyó al crucifijo del cabecero de su cama al cumplir los dieciséis, y la camiseta arcoíris de sus escapadas a Madrid, que su madre jamás tendió con el resto de la ropa. Y como aún le sobraron unos minutos, los aprovechó para meter en la oscuridad del armario el retrato de sus padres, que dejó bien cerrado con llave antes de marcharse dando un definitivo portazo.

Fiestas locales

Llegamos al pueblo con nuestros instrumentos sin que nadie saliera a recibirnos. De hecho, el vacío de aquella plaza y de las calles por las que habíamos accedido a ella era desolador y, aunque no vimos adorno alguno que pusiera de manifiesto que eran las fiestas locales, pensamos que todos los vecinos dormían la borrachera de la noche anterior. Al dar la hora, tal y como estaba estipulado en el contrato, nos instalamos en el quiosco de música y empezamos a tocar para aquel espacio sin gente. Al son de los primeros pasodobles, de las calles aledañas empezaron a llegar hombres y mujeres con atuendos nada festivos y aspecto muy poco saludable, aunque ansiosos todos por bailar sin descanso hasta descoyuntarse por completo. Cuando nos dimos cuenta de que nos habíamos equivocado de pueblo y decidimos recoger, la plaza era ya un desorden de miembros, cabezas y torsos desperdigados y el cementerio, junto al que pasamos para marcharnos, un desbarajuste de lápidas descolocadas.

FOTO DE BODA

En nuestro universo el tiempo avanza en sentido contrario a como lo hace en el vuestro, por eso la foto de boda en la que nos veis sonrientes saliendo de la iglesia bajo una lluvia de arroz, no refleja más que el momento en el que empieza el tiempo de la felicidad por estrenar, de la ilusión, del noviazgo, del loco enamoramiento y del glorioso final del flechazo. Atrás quedaron los problemas propios de la convivencia, el pago de la hipoteca, la complicada conciliación con la vida laboral, la rutina, el desgaste, el desencanto. Justo lo que os espera a vosotros cuando os hacéis una foto semejante.

FUNERAL

En el funeral de mi padre nadie se tomó la molestia de llorar. Es más, mi madre, por primera vez, fue capaz de abrazar, yo diría que agradecida, a esa intrusa de insolente juventud a la que en su día culpó de romperle el matrimonio. También, por primera vez, ya no me importaba, admití mi asombroso parecido físico con aquel hombre de cuerpo presente con el que tenía tan poco en común y, sobre todo, por primera vez descubrí en la mirada infeliz de su joven viuda el inequívoco deseo de encontrar en mí una segunda oportunidad.

FUTURO IMPERFECTO

Cuando la campana de la iglesia tañía su toque de difuntos sin esperar a que muriese el moribundo, cuando el reloj de la torre daba los toques antes de que fuese la hora en punto y cuando el río bajaba embarrado antes de que la lluvia hubiera empezado a fertilizar los campos, nos dimos cuenta de que todo se adelantaba en el pueblo menos la cigüeña, que tardaba demasiado en regresar con nuevos vecinos destinados a tomar el relevo y calmar esa ansiedad que nos provocaba el presentir que nos quedábamos sin futuro.

GAFAS

Me he comprado unas gafas oscuras de esas que usan los famosos para no ser reconocidos. Ha sido salir con ellas puestas y recibir los cordiales «buenos días» de los vecinos con los que he coincidido y que hasta ahora siempre me habían negado el saludo. Luego, al llegar al trabajo, he ocupado mi puesto y todos han dado por hecho que soy mi sustituto. Al parecer, por la forma en la que me han tratado, les he caído mucho mejor que yo mismo, así que al salir, para celebrarlo, me he ido al bar donde suelo reunirme con los amigos y estos me han acogido rápidamente, no como a mí, sino como a un recién llegado a todas luces más digno de su aprecio. Pero lo más asombroso ha sido lo de mi exmujer. Me he hecho el encontradizo con ella y no sé ni cómo, lejos de verme como al tipo desconsiderado con el que un mal día se casó y del que no quiere volver a saber nada, está convencida, porque así me lo ha insinuado, de que ha encontrado, por fin, en el hombre de las gafas, al hombre de su vida. Más confundido que satisfecho, ahora que el día toca a su fin, me enfrento al espejo y miro a ese señor tan carismático que a su vez me está mirando tras sus gafas oscuras y a cuya identidad no me atrevo a renunciar despojándome de ellas, porque el personaje que esconden, como le pasa a todo el mundo, me cae bastante peor.

GARBANZOS CON ESPINACAS

Llevan más de media vida compartiendo la misma planta del edificio y habitando, cada cual tras de su puerta, su propia soledad. Al principio se saludaban sin más al encontrarse en la escalera, pero un día coincidieron en el supermercado, junto al expositor de las legumbres.

—Vecina, ¿cómo prepara usted los garbanzos? —se atrevió él a preguntarle con ánimo de iniciar por fin una conversación.

—A mi marido, que en paz descanse, le encantaban con espinacas.

Desde entonces, hace ya más de seis lustros, todos los jueves ella le pasa un plato de sus garbanzos que él agradece como el mejor de los regalos. Ninguno, en todo este tiempo, se ha atrevido a ofrecer las flores, ya otoñales, que ese pequeño encuentro les hace brotar en el corazón. Tampoco ninguno prueba el guiso. A ella los garbanzos le producen una molesta aerofagia y él siempre ha detestado las espinacas.

Giros inesperados

La bañera se iba llenando de agua caliente y el cuarto de baño de un vapor que empañaba el espejo en el que había evitado mirarse. Resultaba paradójico que el día tan largamente esperado acabara siendo el mismo en el que su vida escapara en rojo por un triste sumidero. Ciertamente no era el mejor momento para que el timbre de la puerta sonara, pero ocurrió. Sabía que los guiones de nuestras vidas tienen giros inesperados. Uno la había obligado a cancelar, en apenas un par de días, la fiesta sorpresa que llevaba tanto tiempo preparando. Otro la situaba ante los de la pastelería que, rompiendo su momento dramático, se presentaban con una enorme tarta en forma de corazón y rotulada en chocolate con una frase que, dadas las circunstancias, parecía una triste broma: «Felices bodas de plata». Pagó una propina a los repartidores asumiendo su imperdonable olvido y ya sola, frente al paisaje de nata, rompió en llanto o carcajada, ni ella misma lo supo, hasta que una lluvia interior la hizo correr escaleras arriba para cerrar el grifo y liberar el desagüe. Después se sirvió un buen trozo del pastel sin preocuparse por las calorías. En ese momento comenzaba el resto de su vida.

Gondolero

Canta el gondolero su triste barcarola en la noche solitaria. Es un canto de amor y de nostalgia, pero también de rebelión contra lo que se niega a aceptar. La luna se refleja como una lágrima de plata sobre el lugar que ocupara Venecia, la joya hundida para siempre en la profundidad del mar.

GUSTARLE AL ESPEJO

Cuando me dijiste que ibas a empezar a cuidarte me pareció una sana decisión. Yo misma te había animado muchas veces a hacerlo. Sin embargo, en poco tiempo, gustarle al espejo se convirtió en tu única obsesión. Cambiaste dietas y horarios de comidas e incorporaste a tu lenguaje palabras que hasta entonces nunca habías usado: proteínas, aminoácidos, carbohidratos... Incluso te atreviste a consumir sustancias que ningún médico en su sano juicio prescribiría. Así te fuiste adentrando en esa selva metálica de pesas, barras y poleas en la que quedaste atrapado. Y mientras más te preocupabas por tener un cuerpo perfecto, más me iba alejando de ti y me acercaba al compañero de trabajo que se volvió mi confidente empático primero y el amante acogedor después. Ahora él, cuando más sola me siento, me arropa con su abrazo de hombre orondo y no carente de cierta flacidez que jamás ha pisado un gimnasio.

IGNORAR

Era habitual en ella. Solía mostrar así su contra-
riedad y al mismo tiempo conseguía castigarme. No
discutía. No expresaba sus disgustos, su desacuerdo
o sus sentimientos de agravio alzando la voz con que-
jas o reproches. Simplemente guardaba un silencio
férreo, monolítico y se aislaba. Jugaba a ignorar el
mundo solo para que yo me sintiera ignorado. La no-
che anterior había abordado, precisamente, ese tema
con ella. Con su comportamiento me hería y se hería
ella misma. No todo puede ser perfecto en una con-
vivencia, pero no hay mejor manera de resolver las
discrepancias que la palabra, el diálogo, la expresión
de los sentimientos, el reconocimiento de los propios
errores y la comprensión con los ajenos, el buscar el
acuerdo, el pedir perdón y el saber perdonar. En una
pareja no hay contrincantes, sino personas cuyo prin-
cipal objetivo debe ser el hacerse mutuamente felices.
No me debatió. Guardó silencio y me hizo el vacío,
como de costumbre.

Esta mañana seguía en sus trece. No se ha levanta-
do de la cama y, como es domingo, la he dejado estar.
Rara vez esta actitud le dura más de un día. Sin em-
bargo, esa absoluta quietud y ese helor de su cuerpo ya
empiezan a inquietarme.

Imaginario

Mis padres, que nunca aceptaron la muerte de mi hermano, actuaban como si él siguiese vivo. Harto de compartir mi cuarto con quien ya no existía, de ver cómo cada día se enfriaba su plato de sopa en la mesa o de heredar una ropa que se le quedaba pequeña sin haberla usado, un domingo que salimos de excursión en familia, aprovechando un descuido, empujé con todas mis fuerzas el recuerdo de mi hermano al río. Por desgracia mi padre, que al parecer oyó sus gritos, se tiró para salvarlo aun sin saber nadar. Y como no hay nada malo que no pueda empeorar, ahora, además de un hermano, tengo un padre imaginario.

Inocencia

El ángel de bronce quedó en el suelo, junto al cadáver de mi padre. Los restos de sangre y cabellos adheridos ponían de manifiesto que aquella había sido el arma homicida. Desde que papá lo colgara en el cabecero de su cama, siempre creyó que aquella figura le daba buena suerte. E impunidad. Yo odiaba a aquel niño con alas símbolo de la inocencia tanto como a las manos de papá, heladas e invasoras bajo mis sábanas. Por una vez quise que la suerte se pusiera de mi parte. Ahora papá descansa ¿en paz? y su ángel de bronce, yacente y etiquetado, se llena de polvo en el almacén donde se guardan las piezas de convicción de los crímenes sin resolver.

INVIERNO

Porque él le regalaba flores ella llegó a creerse eterna habitante de la primavera. Cuando el último ramo acabó por marchitarse, su paisaje se volvió de hielo y se congelaron sus sueños. Así aprendió lo que todos los desencantados ya sabemos, que el invierno siempre está ahí, pero solo cuando sentimos frío somos capaces de verlo.

JUEGOS

En el baúl de mis juguetes había un montón de coches, dos excavadoras, una grúa, pistolas, algún rifle y una buena colección de indios y soldaditos del Séptimo de Caballería. Mi hermana, por su parte, guardaba en el suyo una cocinita, un maletín de maquillaje, un costurero, cromos de princesas e innumerables muñecas. Sin embargo, el tiempo que podíamos dedicar a jugar en casa preferíamos pasarlo leyendo los libros que nuestros padres acumulaban por todos los rincones. Eran únicamente esos ratos que nos dejaban solos los que mi hermana aprovechaba para organizar, cuerpo a tierra sobre la alfombra, incruentas batallas contra los siux mientras yo me ocupaba de cepillar y dar volumen al cabello de sus muñecas.

La otra vida

Ella lo sigue recordando cada día. Hoy se cumple otro año más sin él. Ha encargado una misa y, como siempre hace, ha encendido una vela frente al portarretratos que conserva aquella sonrisa feliz del día de su boda. Reza una oración y pide que allá donde esté, en la otra vida que decidió emprender junto a esa tía a la que no sabe qué le vio, sea mucho más infeliz de lo que fueron durante el tiempo que duró su matrimonio.

LA TÍA PENÉLOPE

La tía Penélope tomó por costumbre sentarse a tricotar junto a la ventana mientras esperaba, decía, que las cosas mejorasen. Allí pasaba las horas sin levantarse más que para lo inexcusable, hasta que una tarde decidió no hacer más concesiones a las exigencias del cuerpo y quedarse para siempre en su mecedora. No hubo forma de convencerla de otra cosa. Pasados los años, la tía ha ido mermando hasta convertirse en un esqueleto con sus agujas de punto agarradas. De ellas cuelga, ventana abajo, la larguísima bufanda que día tras día, no deja de crecer.

LETAL

Su marido me contrató para que la vigilara. «La dejo demasiado tiempo sola y no me fío», me dijo. Cuando me mostró su foto deseé fervientemente que aquella Rita Hayworth de mirada peligrosa estuviera dispuesta a ser infiel con un tipo como yo, un triste detective con ganas de parecerse a Humphrey Bogart.

A ella no quise engañarla y desde el primer momento puse las cartas sobre la mesa. Su despecho facilitó que nos hiciéramos amantes y tras algún tiempo jugando a dos barajas, comprendimos que su marido estorbaba para nuestros planes de futuro. El arsénico, nuestro cómplice perfecto, suministrado en pequeñas dosis fue ejerciendo su efecto letal. Fatiga, inapetencia, hipertensión... Pero el muy cretino, achacándolo todo a la ansiedad provocada por sus turbios negocios, decidió liquidarlos y dedicarle más tiempo a ella. Para empezar, se marcharon juntos a pasar un par de semanas en el mejor balneario de Hot Springs.

A su regreso a Chicago, hace solo tres días, la encontré exultante, con un brillo distinto en los ojos. Yo, loco de celos, dejo escrito este relato ahora que me siento morir tras beber de esa botella de bourbon que, escondida en la maleta, me trajo como *souvenir*.

Lo que no pudo ser

La foto de boda de los abuelos debería presidir en sepia el gran salón familiar. Desde ella, la abuela nos miraría con altivez coronada de azahares y el abuelo, triunfante, dibujaría una sonrisa en su rostro curtido de trabajo y sol. Nadie llegó a explicarse cómo él, un pobre jornalero, pudo alcanzar el corazón de niña rica que en ella latía, pero lo cierto es que la abuela nunca amó a ningún otro hombre, ni el abuelo a otra mujer tanto como a ella. Solo por merecerla se embarcó rumbo a ultramar dispuesto a conseguir la fortuna que le abriese la puerta de la casa grande donde ella, atrapada en los usos de su tiempo, le esperaría sentada al piano, acariciando habaneras con dedos de marfil. Y en la triste distancia sin olvido, unas fiebres malditas convirtieron el afán de vida del abuelo en un silencio de tierra a la sombra sagrada de una ceiba. La abuela, fiel a su promesa de amante, quedó en esta orilla para siempre aferrada al sueño roto y sus descendientes, la gran familia que de ellos habría nacido, nos quedamos en el limbo de lo que no pudo ser.

LOS GUISOS DE MAMÁ

Recuerdo con cariño los guisos de mamá. A pesar de que la guerra acabó con el negocio familiar y los vencedores con nuestro padre, ella sola fue capaz de sacarnos adelante y no pasamos hambre. Todo gracias a aquellos tipos que se le acercaban dispuestos a aprovecharse del estado de necesidad de una joven viuda. Ella, que siempre fue muy astuta y decidida, aprendió a manejar hábilmente la situación y cada vez que quedaba con alguno, regresaba a casa con la cesta bien cargada de carne fresca. Siempre se le dio muy bien despiezar cerdos.

MANOLITO

Manolito y yo éramos muy distintos. Él se atrevía a todo. Copiaba en los exámenes, se colaba en el cine o hurtaba dulces aprovechando los descuidos del tendero. No había norma que él no burlara con tal de sacar ventaja u obtener algún beneficio.

—Ese chico va por muy mal camino —decía mi padre.

Hoy Manolito triunfa en el mundo de las finanzas y yo soy un licenciado en Filosofía que se gana la vida sirviendo cafés en Alemania.

Mala nota

¡Menuda regañina me llevé de mi padre! «Nos ha mandado un correo la directora del colegio para que tu madre y yo acudamos contigo a su despacho. ¡A ver la vergüenza que nos vas a hacer pasar!».

Una vez sentados frente a la convocante, nos explicó el motivo de tan incómoda reunión. Había aparecido una nota anónima y bastante soez en el limpiaparabrisas de la profesora de gimnasia. Por las averiguaciones realizadas se pudo comprobar que fue escrita, al parecer distorsionando la caligrafía, en la hoja arrancada de uno de mis cuadernos. La prueba me incriminaba y yo no era capaz de dar razón. Bastó con mostrarnos la dichosa cuartilla para que el enigma quedara resuelto. La letra espantosa e inconfundible y esos «echar» con hache y «polvo» con be delataban sin ningún género de dudas al culpable. Fue papá.

Mala suerte

Estaba de suerte y esa noche decidió celebrarlo en el mejor lugar al que puede ir un caballero para aprovechar las buenas rachas, el Gran Casino de Montecarlo. No debió irle mal. Los vecinos de su edificio cuentan que le oyeron regresar de madrugada cantando escaleras arriba por Maurice Chevalier y alardeando del dineral que había conseguido jugando a la ruleta. Cuentan también que, cuando le oyeron abrir la puerta, calló de repente. No tardó mucho en sonar el disparo con el que puso fin a su vida. Al parecer, en el recibidor había encontrado al gato restregando el lomo contra las maletas de su mujer. Ella, arrepentida, había decidido volver.

Manolita Manila

Papá, antes de irse a trabajar, dejaba siempre la cena preparada y nos pedía que nos acostáramos temprano. Desde que murió mamá ponía todo su empeño en multiplicarse por dos para que ninguna atención nos faltara. Era portero del cabaré en el que Manolita Manila se desgarraba el alma bailando cada noche. Esta artista única llegó a ser muy popular y era frecuente ver la ciudad empapelada de carteles con su nombre. De ella se decía que cuando bailaba descalza le ponía tanta pasión que volcaba las copas de la clientela haciendo vibrar el suelo y la tarima quedaba manchada con la sangre de sus pies.

Los domingos por la mañana, que no teníamos colegio, papá nos llenaba la casa con las flores que el público arrojaba a la artista y sonreía entusiasmado contándonos cosas de ella. Tatareaba alguna de las piezas que sonaban en el espectáculo mientras gesticulaba profusamente y agitaba los brazos tratando de emular esa erupción volcánica en la que ella inspiraba su baile. Era en esos momentos cuando a papá se le veía más feliz y la luz de sus ojos iluminaba de tal manera que conseguía aliviar por un rato esa oscuridad que se había instalado en nuestras vidas tras la muerte de mamá.

Pero todo cambió cuando el pobrecito se nos vino abajo por una enfermedad tan repentina como irreversible. Justo por las mismas fechas, Manolita desapareció de los escenarios sin que nadie supiera dar razón de su retirada, aunque rumores sin confirmar llegaron a ubicarla en la clausura de un convento. A nosotros, sin embargo, aquella coincidencia nos llenó de sospechas y empezamos a pensar que entre papá y Manolita había algo más que una relación asimétrica de admiración no correspondida. Por eso, en cuanto nuestro padre murió, buscamos respuestas forzando la cerradura del baúl cuya llave siempre mantuvo celosamente escondida. Fue cuando encontramos aquellos vestidos llenos de color y vuelo, unas cuantas pelucas y un par de zapatos de tacón sin estrenar del número treinta y cinco. No vamos a negar que suspiramos aliviados. Papá siempre usó el cuarenta y dos.

Marzo ventoso

Como esa mañana de marzo se preveía soleada y con viento de poniente, lo arreglé todo para ir con mi hijo a estrenar su cometa. Pero hay días en que todo se tuerce. No solo me percaté, estando ya en ruta, de que me había dejado el móvil cargando en la mesilla de noche, también al llegar a nuestro destino resultó que no corría ni una brisa capaz de moverle el flequillo al niño. Decepcionados, decidimos volver. Y aún quedaba lo peor. En casa esperaba mi mujer con mi móvil en la mano y en la mirada dos ojos de huracán.

MÁS ALLÁ

Siempre creyó en el más allá y, como prueba de amor, había prometido a su esposa que cuando abandonase este mundo volvería desde el otro lado para reencontrarse con ella. Lo haría a la medianoche del primer día de difuntos que él faltase y el punto de encuentro sería la alcoba que tantos años habían compartido. Y lo cumplió. La noche señalada, a la hora exacta, el espejo del armario se empañó súbitamente y una tenue luz dorada fue creciendo desde el fondo del cristal, trayendo su presencia impecablemente vestida con el mismo traje con el que fue enterrado. Una vez allí, el aparecido, serio y pálido, miró en todas direcciones con la lentitud ceremoniosa de los seres de ultratumba, constatando atónito la incomparecencia de su esposa. Ella no estaba. Ni para reencuentros ni para citas con el aburrimiento. A miles de kilómetros de aquel paisaje umbrío, en el más allá mucho más cercano de los mares cálidos, una mujer, con juventud postiza de quirófano, disfrutaba por fin de la vida y del capital heredado, dejándose querer bajo un cocotero por un amante ocasional que nunca le prometería amor eterno.

Matemáticas

Llené la pizarra de fórmulas complejas solo para impresionarla. Le conté que era un algoritmo infalible que demostraba que estábamos hechos el uno para el otro. No sé si esto la convenció, pero me dijo que sí y, a partir de entonces, nuestra convivencia fue pura aritmética. Sumamos ilusión y esfuerzo para salir adelante y le restamos importancia al hecho de que aquello no acababa de funcionar. Sin embargo, cuando los problemas se multiplicaron y no fuimos capaces de resolverlos, decidimos dividirnos entre dos y seguir nuestra vida por separado, convertidos en números primos.

Mi mejor alumno

Es un chico fuerte y sano y me parece el más guapo de todos mis alumnos. Reconozco que en clase de religión no se porta bien, ni tampoco es muy aplicado, pero no tengo ningún reparo en mejorarle la nota. En cambio, en el patio del colegio, destaca jugando al fútbol y yo, solo para que pasemos más tiempo juntos, me he convertido en árbitro con sotana dispuesto a pitar penaltis y faltas siempre a su favor. Se lo debo. Aunque nunca lo sepa, es lo menos que su padre puede hacer por él.

MUTUAMENTE

A mi padre siempre le he visto escribir por las noches en esos papeles que guarda celosamente bajo llave. Ayer, por descuido, olvidó cerrar el cajón y no pude resistirme a mirar dentro. Así descubrí nuestra verdad. Él no es más que un pobre solitario que pasa horas insomnes dando vida a personajes que solo existen en su escritura. Yo me reconocí en uno de ellos. Perplejo, le reproché que nunca me desvelara que no soy más que mera ficción. No dijo nada. Me abrazó con tanta fuerza que sobraron las palabras. Me di cuenta entonces de lo mucho que nos necesitamos.

NARCOLEPSIA

Como sus ojos eran entonces para mí el centro del mundo, no me importó que, por culpa de su narcolepsia, con frecuencia pudieran cerrarse repentinamente, incluso en los momentos más inoportunos, vencidos por el sueño. Fue, sin embargo, el dormirnos ambos en los laureles de una magia que no resultó inagotable, lo que en realidad propició que poco a poco ella dejara de iluminarme con el brillo de su mirada y yo de ser el astro que reflejaba para ella esa luz. Sin darnos cuenta, nos fuimos convirtiendo en la rutina habitada por dos personajes que comparten el mismo espacio e intentan estorbarse lo menos posible.

Anoche comprendí hasta qué punto ya no somos ni siquiera presencia el uno para el otro cuando, al regresar a casa tras una cena con amigos, caí en la cuenta de que la había dejado olvidada, probablemente dormida, en el asiento del copiloto.

Negra

Llegará muy temprano, antes de que la señora salga para el club de tenis dejando al señor ejerciendo su costumbre de dormir hasta las tantas. Se pondrá el uniforme de trabajo y procurará darse prisa en limpiar la casa y quitarse el montón de ropa por planchar. Cuando acabe, evocando ese sueño adolescente de ser escritora con el que viajó desde su país de origen, se sentará en la mesa del ordenador y tras introducir la contraseña, «sociedadsinclases», abrirá el archivo que le interesa. Leerá las últimas páginas escritas y hará algunas correcciones. Luego continuará con el borrador de esa novela de denuncia social que firmará el exitoso autor que, como siempre a esas horas, seguirá roncando en el dormitorio principal.

Nueva vida

Desde la ventana miraban ilusionados aquel barrio en el que nadie los conocía. Dejaban atrás un pasado conflictivo y empezaban una nueva vida como personas rehabilitadas. El piso al que acababan de mudarse les encantaba. Era amplio, luminoso, orientado al sur y muy bien situado. Tenía cerca, además, una guardería y un colegio, lo que para ellos era una ventaja añadida ahora que esperaban su primer hijo y aspiraban con el tiempo a tener el segundo. Contaban con tres dormitorios, aunque de momento solo podrían disponer de dos hasta que se les ocurriera qué hacer con el propietario que tenían amordazado en el tercero.

Objeto de pasión

Desde el primer momento supe que venía a por mí. Era el tipo de mujer que sabe distinguir a aquel al que podrá manejar a su antojo. Le gustaba el dominio. Sentirse fuerte en su deseo, imperiosa en su demanda y dispuesta a doblegar hasta la humillación. Esa noche me llevó a su casa. Ella marcó los tiempos y yo me limité a dejarme usar. Cuando su pasión se vio calmada, no dudó en abrir la válvula para que empezara a desinflarme antes de guardarme, ya plegado de cualquier manera, en el altillo de su armario.

Oniomanía

No hay día que me resista a hacer alguna compra por internet. Al principio era reacia, pero me quedé tan vacía cuando él escapó de mi lado, que perdí las ganas de vivir. Sin ánimos para salir a la calle, pero decidida a superar mi dependencia emocional, recurrí al comercio electrónico y encargué un manual de autoayuda. Ahí empezó todo. Ya no pude parar. Productos cosméticos, lencería fina, vestidos escotados y hasta un juego de sábanas de delicado satén. He convertido mi puerta en un permanente punto de entrega convencida de que algún día volverá el primer repartidor, aquel que me dejó con el libro la sonrisa que ha dado un nuevo sentido a mi vida.

OTRO RAMITO DE VIOLETAS

Almudena no podía precisar cuándo dejó de celebrar su santo, pero desde hacía ya algunos años ese día, cada nueve de noviembre, como en la canción que tantas veces escuchó de su viejo vinilo, venía recibiendo un ramito de violetas sin señas del remitente. Su marido, la originalidad nunca fue lo suyo, se lo enviaba intentando sustituir con un toque de misterio la pasión apagada. Ella, fingiendo ignorar lo obvio, se hacía cómplice del pretendido engaño y actuaba a ojos de él con el sigilo propio de la que algo calla.

Este año él ya no está y Almudena se sabe con toda certeza sola en el mundo. No le queda ni el apoyo de aquellos vecinos cuyos nombres conocía y que antaño formaban casi una familia distribuida a lo largo de toda su escalera. Todos, poco a poco, fueron desapareciendo y sus pisos lo ocuparon jóvenes que viven puertas adentro en espacios lujosamente reformados. Ya no existe para nadie en su nueve de noviembre y ni siquiera un ramito de violetas traerá a su otoño un brotecillo de primavera. Nada que esperar y, sin embargo, a la hora acostumbrada, vuelve a sonar el timbre de la puerta.

Palabras nuevas

Cosme busca todas las noches palabras nuevas en el diccionario. Palabras que suenen bien y signifiquen algo hermoso. Arrebol, melifluo, inmarcesible, petricor... Pretende impresionar con ellas a doña Mercedes, la que fuera catedrática de Lengua en el instituto donde él ejerció toda su vida como bedel. Ahora que el paso de los años ha convertido a ambos en jubilados, siente que la distancia que los separa es más corta. Ella, a la que nunca se le conoció más amor que el que profesaba a la docencia, fue para él sueño imposible. Ya viudo, la suele ver en el parque, siempre leyendo un libro sentada en el mismo banco. Es cuando él, sabiendo que no la importuna, aprovecha para estrenar sus palabras nuevas mientras ella, apoyando su libro en el regazo, le demuestra que por fin ha aprendido a sonreír y finge escucharlo encantada, como seguro lo haría si esa maldita arterioesclerosis no la hubiera dejado completamente sorda.

PARTIDA EN DOS

Despechada rompe en dos mitades la foto desde la que él le sonríe. Arroja con rabia la mitad derecha al fuego, mientras aprieta la izquierda contra el pecho, corazón con corazón. Y al reflejar sus pupilas la breve llamarada, de su ojo derecho brota una lágrima de desengaño y del izquierdo una dulce lágrima de amor.

Pasos en la nieve

Los dos hermanos, obligados a reencontrarse, volvieron a discutir. La repentina muerte de su madre creaba un problema con el que no contaban: «¿Qué hacemos con papá?». Hubo intercambio de reproches y cosas que echarse en cara mientras el pobre anciano permanecía impasible en medio del fuego cruzado, con las manos derrotadas y la mirada perdida en el remoto lugar al que escapó su memoria. Empezaba a oscurecer y caían los primeros copos.

Toda la noche estuvo nevando. La policía recibió la llamada a primera hora de la mañana. Un anciano, afectado de un importante deterioro cognitivo, había escapado de casa mientras los dos hijos, bajo cuya custodia ocasional se hallaba, dormían agotados tras el funeral de su madre.

El hombre apareció en un banco del parque. Bajo cero. Sin ropa de abrigo. Sin pulso. La intensa nevada había borrado la huella de los pasos que lo llevaron hasta allí, los suyos y los de sus dos ángeles de la guarda que, carentes de vocación, sigilosos lo entregaron al rigor de la intemperie.

PATIO DE LUCES

Tras una de las persianas del patio de vecinos un adolescente espía, con la luz apagada de su cuarto, a la chica que, en la ventana de enfrente, se suelta el pelo y se desnuda con la complaciente lentitud de quien se sabe observada. Es la hora de cenar y se oyen ruidos de platos y voces de televisores encendidos. Atendiendo a la llamada de su madre, el chaval, aún azorado, acude a la mesa familiar. Entra después la chica, ya en bata de estar en casa, y le pregunta, con tono de hermana mayor, si ha terminado de hacer los deberes.

PAYASOS

Aunque la mayoría de la gente cree lo contrario, ser payaso no es una decisión personal. Los payasos nacemos y nos puede tocar cualquier familia, sin que nuestros padres hayan intervenido activamente para merecernos, por eso no solemos ser bien recibidos en ninguna casa medianamente seria. Los padres solo quieren tener hijos normales y cuando les nace uno como nosotros suelen preguntarse en qué han fallado y se lo llegan a preguntar tantas veces que no es de extrañar que acaben inculcándonos un sentimiento de culpa que puede acompañarnos toda la vida. Muchos de nosotros, incapaces de afrontar el rechazo que el ser distinto provoca, preferimos ocultarnos. Vestirnos de gente normal, maquillarnos para tapar los delatores dibujos del rostro y comprimir la nariz redonda dentro de una falsa de persona corriente. Solo si conseguimos colarnos en algún circo y despojarnos del disfraz para salir a la pista, podemos comprobar gozosamente que no hay nada más liberador que el ejercer de uno mismo.

PELUSA

Cuando nuestro padrastro murió al caer a la piscina una madrugada que, como de costumbre, regresaba borracho, mamá se sintió hundida. De nada sirvió que intentáramos convencerla de que tal y como nos trataba, que él desapareciera de nuestras vidas era lo mejor que podía pasarnos. Ella no lo entendió así. Se replegó en sí misma y no quiso saber nada del mundo, ni de nosotras.

Buscando la manera de hacerla salir de su abatimiento, a mi hermana la mayor se le ocurrió regalarle a Pelusa, una perrita pequinesa que, en cuanto se la presentamos, consiguió, para nuestro asombro, arrancarle una primera sonrisa después de mucho tiempo.

Gracias a Pelusa nuestra madre empezó a remontar. Se ocupaba de su bienestar, de sus paseos diarios, de tricotarle chalequitos y hasta de mullirle amorosa el cojín donde se echaba.

La perrita estaba feliz entre nosotras y era tan cariñosa y vivaracha que nos ganó a todas. A todas menos a mi hermana la pequeña, que la culpaba de robarle esa atención materna que por su edad seguía necesitando. Por eso fue la única que no pareció apenarse cuando Pelusa, que dormía siempre dentro de casa y era buena nadadora, amaneció

inexplicablemente ahogada. Como nuestro padras-
tro. En la piscina también.

PLANES

Siempre se quedan hasta las tantas discutiendo en qué pared del salón irá la chimenea, si es preferible escalera de madera o de mármol o cuál sería la zona del jardín en la que quedaría mejor la piscina. Así todas las noches. Sin embargo, hoy no desplegarán los planos de la casa de sus sueños porque se irán pronto a dormir. Él tiene que madrugar para acudir al trabajo precario que, algo es algo, por fin le ha salido, y a ella le tocará, además del rutinario reparto de currículums, llevar al entrenamiento a ese hijo que tanto destaca jugando al tenis y en el que tienen depositadas todas sus esperanzas.

POBRES

Ponemos mucho empeño en las campañas de recogida de alimentos para nuestros pobres. No nos conformamos con que no pasen hambre. Los queremos bien rollizos. Cada vez son más exigentes en la fábrica de jabón.

PROSPERIDAD

Coincidimos en una asamblea. Era la chica menos consumista que jamás había conocido. Reciclaba ropa usada, pasaba de la cosmética y se conformaba con lo imprescindible. Aquel verano en el que empezamos a salir rehusó cualquier regalo, por nimio que fuera, que yo intentara hacerle. No es que tenga de todo, me decía, es que no necesito nada. Solo por estar contigo ya soy feliz.

Cuando nos casamos empezó a cambiar. Se aficionó a mirar tiendas y a permitirse pequeños caprichos sin importancia, que si un pasador para el pelo, que si unos pendientes de bisutería, que si un bolsito de mercadillo... Fue solo el principio. Conforme el éxito profesional nos acercaba a la casa con jardín y piscina, su gusto se refinaba cada vez más hasta convertirla en clienta exclusiva de ropa de marca, cremas caras y joyas costosas. Cuanto más nos alejábamos de aquello que nos había unido, más adicta a las compras se hacía.

Un día, revisando nuestras cuentas, no tuve más remedio que advertirle de que no podíamos seguir semejante ritmo. Fue entonces cuando se vio obligada a reconocer, con cierto aire de fracaso, que aunque tuviera de todo, seguía buscando en las tiendas algo que le devolviera su antigua felicidad.

Punto final

La torre de la iglesia dejaba caer como lágrimas los golpes de bronce de las campanas. Ningún toque sonaba sin que se hubiese extinguido el eco del anterior. Se anunciaba así que el cura del pueblo descansaba ya en la paz del Señor. Don Servando, tan querido por todos, abandonaba este mundo y muchas cosas se iban con él. Los feligreses perdían a un bondadoso guía espiritual. Los menesterosos al benefactor que les prestaba auxilio y consuelo. Los escolares se quedaban sin el paciente director de su coro de voces blancas y Adela, la hija del molinero, no recibiría más cartas obscenas, esas que ni ella ni la Guardia Civil habían conseguido averiguar quién era el cerdo que las enviaba.

REALITY

El nuevo *reality* partía con todos los ingredientes para conseguir el favor del público: trece concursantes desconocidos entre sí debían permanecer en una isla desierta durante un mes. Ganarían mucho dinero si entre todos lograban dos únicos objetivos: sobrevivir por sus propios medios y dibujar un mapa de aquel territorio en el que habían sido confinados. Ellos mismos se grabarían con una sofisticada cámara dotada de baterías de larga duración y enviarían las imágenes vía satélite. El *casting* había sido exhaustivo para asegurar el éxito del concurso. Personas narcisistas, conflictivas y, por supuesto, dadas a llorar en público por el motivo más nimio.

Al principio todo fue bien. Hubo disputas, gritos, insultos, llanto y rabia. La audiencia encantada disparó el *share*. Pero algo imprevisto ocurrió. Los participantes encontraron unas hojas aromáticas que debidamente infusionadas proporcionaban un enorme sosiego espiritual. El grupo se convirtió así en una comunidad de cooperación y hermandad. Esa falta de tensión provocó, sin embargo, que la multitud de seguidores fuera abandonando el programa y finalmente la cadena optó por suprimirlo. Los elegidos quedaron allí, en su isla sin mapa, olvidados para

siempre, pero felices como nunca disfrutando del pa-
raíso encontrado.

Reciclaje
profesional

Desde que nos cerraron el circo, soy el único que no ha conseguido salir adelante. El domador, por ejemplo, ahora reeduca con mucha disciplina y magníficos resultados a niños consentidos. Al escapista se lo rifan como asesor fiscal y el payaso vive mejor que nunca desde que salió elegido concejal. Yo, sin embargo, no paso de una primera entrevista. No hay nadie dispuesto a contratar a un hombre con dos cabezas. Temen que llegue a pensar demasiado.

REDENCIÓN

La cigüeña se posó sigilosa en el discreto callejón que flanqueaba a la inclusa. Traía en el pico un hatillo con el que arropaba al bebé dormido cuya carita redonda quedaba expuesta al relente de la madrugada. Cuidadosamente depositó su carga en el torno de los expósitos y lo hizo girar antes de mover la cuerda que hacía sonar la campanilla al otro lado del muro. Cumplida su misión, desplegó sus alas y alzó el vuelo hasta perderse en la oscuridad de la noche. Cada vez le resultaba más difícil arrebatarle los hijos a esas familias que los condenaban a la miseria en los tristes poblados del arrabal. Consumado este nuevo rescate, sor María se encargaría de buscar unos padres que proporcionasen a esa criatura de Dios una educación en la fe de Cristo y una vida sin carencias. Unos padres solventes dispuestos a agradecer con generosidad tan meritoria labor redentora.

REGALOS DE NAVIDAD

A punto de entrar en casa, sorprendió a Papá Noel saliendo por una ventana cargado con su enorme saco. Aunque tenía entendido que no era aquella la hora en la que aquel ser mágico hacía su reparto de regalos, pensó que igual para los niños que como él no se reunían con nadie para cenar en Nochebuena, había un horario diferente y este año, por primera vez, él estaba incluido en su lista de entregas. Así que entró en casa buscando ilusionado por todos los rincones la bicicleta, el estuche de pinturas o la colección de cuentos con los que poder escapar a mundos fantásticos. Pero por no encontrar, no encontró ni siquiera a su madre en el lugar de siempre, tumbada en el sofá rodeada de colillas y botellas vacías. Tuvo que esperar al día siguiente, día de Navidad, para saber qué fue de ella. Apareció muerta en el río, dentro de un enorme saco rojo de esos que usa Papá Noel para cumplir los deseos de los niños.

Reina de la noche

Era reina de la noche de los muelles y en la salada oscuridad del puerto se ofrecía a los hombres venidos del mar para llevarlos con ella a la azotea del edificio más gris y desconchado del barrio pesquero. Allí, entre sábanas tendidas, los dejaba navegar en sus carnes de pago mientras ella escapaba lejos surcando con la mirada el cómplice silencio de las estrellas. Dicen que escondía un secreto oscuro en el corazón y bajo la cama una palangana que usaba cada vez que despedía a un marinero y a la que nunca quiso cambiar el agua, dispuesta siempre a ahogar en ella al primer desaprensivo que tuviera la osadía de volver a hablarle de amor.

RESISTENCIA

A la vieja estación hace mucho que dejaron de llegar trenes de regreso. En el andén de las despedidas, la abuela fue abrazando uno a uno a los hijos paridos para verlos marchar en busca del futuro que se les escapó muy lejos. Cuando las casas del pueblo se hicieron ruina de adobe y piedra, el silencio de los muertos se adueñó de los campos que ya nadie iba a sembrar. En la soledad de su resistencia, la abuela siguió estoica, con sus raíces hundidas en el árido suelo, digna como el roble que se yergue en la plaza empedrada y en cuyas ramas los pájaros imitan la algarabía de los chiquillos que ya no juegan allí. No hubo día en todos estos años que no soñara con el regreso de los suyos, con el retorno de la vida a aquel territorio vacío. Y hoy, por fin, siguiendo el cordón indestructible que nos conecta al origen, todos han querido estar de nuevo con ella, para acompañarla por el camino de los cipreses hasta el trozo de la tierra amada que, cumpliendo su último deseo, le dará el abrazo de la eternidad.

RETIRO

Llegó a aquel lugar de retiro donde los que quieren apartarse de la prisa pasan días de meditación y reposo. Tomó posesión de su espacio privado, una antigua celda de lo que fuera un convento, hoy reconvertida en coqueta habitación de hotel. Su objetivo era olvidarle y restañar las heridas aún sangrantes de su ilusión maltratada. Lo primero que hizo, tras abrir la maleta, fue sacar un portarretratos desde el que él sonreía como si nada hubiera pasado. Lo miró odiándose a sí misma antes de colocarlo en la mesilla, cuidadosamente orientado hacia el cabecero de la cama en la que esa noche iba a intentar dormir.

RETRASOS

El Predictor marcaba las dos rayas. ¡Por fin! Ya estaban a punto de perder toda esperanza. Llevaban mucho tiempo intentándolo. ¡Menuda alegría le iba a dar a su marido! Él lo deseaba casi tanto como ella, por eso no había querido decirle nada, para sorprenderle si el embarazo se confirmaba. Aunque ella, en principio, no estaba de acuerdo, aceptó que no acudirían a los médicos. Ni culpa tuya ni mía. Si no puede ser, no puede ser. Voluntad de Dios. Ahora tocaba abrir juntos la botella de cava que tenían reservada para la ocasión. Ella, naturalmente, solo se mojaría los labios. Debía empezar a cuidarse. Por suerte, le daba tiempo de improvisar una cenita especial. Él había llamado para avisar que se retrasaba un poco. Lo que no explicó fue el verdadero motivo. Quería pasar por la clínica a recoger personalmente el resultado de la prueba que en secreto se había hecho y que iba a confirmarle su absoluta esterilidad.

RITA

La miro con ternura. Rita ha compartido conmigo tantos años de independencia que es muy triste tener que separarme de ella por culpa de esa inoportuna alergia que Laura tiene a los gatos. No ha sido fácil, pero ya he tomado esta decisión que Rita parece adivinar cuando, ronroneando, me devuelve su mirada agradecida.

ROBINSON

Puede que él sea un niño raro. Mientras otros chavales de su edad se pasan horas frente a las pantallas electrónicas, él encuentra su sitio en la biblioteca. No ve televisión. No navega por internet. No le interesan los videojuegos. Le encanta leer, sumergirse en los libros para vivir aventuras grandiosas en paisajes remotos. Su personaje favorito es Robinson Crusoe, el hombre solo y perdido en el océano que ha de sobrevivir en una isla que cree desierta. Comparte con él ese sentimiento de soledad absoluta. Todos los días se enfrenta a él en el patio del colegio.

ROGATIVAS

Cuando nuestros ojos lloraban de sed al contemplar los campos y del río solo quedaba un cauce sin más caudal que las piedras, decidimos organizar unas rogativas y encomendarnos al patrono para que las lluvias volvieran a la comarca.

Fue sacarlo en procesión y desatarse la tormenta. Jarreó de tal manera que nos vimos obligados a devolverlo rápidamente a su hornacina. La riada histórica se llevó medio pueblo por delante, incluida la propia iglesia.

Un par de días después, el equipo de búsqueda y rescate encontró la venerada imagen sepultada en el barro junto a los cadáveres de unos cuantos vecinos. Hay quien asegura que ahora al santo se le aprecia una leve sonrisa sarcástica que antes nadie había sido capaz de detectar. Cuestión de fe.

Salmón

El hombre estaba tumbado junto al río. Con la mirada perdida en el cielo, se dejaba hipnotizar por el rumor del agua. De repente, un golpe en el pecho le sobresaltó y vio cómo un salmón se alejaba coleando por la tierra hasta sumergirse en el cristalino caudal. En un primer momento pensó que se le escapaba el corazón, dolorido por la renuncia a tantos sueños, pero al comprobar que aquello era solo un pez y que los propios latidos seguían en el lugar de siempre, se sintió aliviado. Atento a los movimientos de aquel animal migrante, observó que, ya sumergido, afirmaba con determinación y heroísmo su deseo imperturbable de ascender por el río en una agotadora lucha contracorriente. Y fue entonces, ahora sí, cuando el corazón quiso escapar de su pecho dispuesto a emular la gesta.

SEGUNDA MANO

Mi mujer se compró una guitarra eléctrica de segunda mano convencida de que aquel instrumento estaba poseído por el espíritu del viejo roquero que lo usó durante años. Fue entrar con la guitarra en casa y empezar a ignorarme. Se pasaba el día abrazada a ella cantando las canciones que, aseguraba, sentía vibrar en sus cuerdas. Yo, siempre tan práctico, no era capaz de entender esa extraña pasión a la que ella, siempre tan fantasiosa, se entregaba, por eso me vi obligado a darle un ultimátum. Se marchó diciendo que le faltaba música a nuestra convivencia. Ahora la echo de menos y por las noches, entre lágrimas, pego el oído a esa guitarra que quiso dejarme, solo para escucharla cantar, acompañada por el virtuoso músico, las más hermosas baladas de amor.

SEPARACIÓN

Leyó que Europa y América, debido a las placas tectónicas que hay bajo el océano Atlántico, se van separando y lo van haciendo de forma constante y a la misma velocidad con que nos crecen las uñas. Así desde hace millones de años. Ella no va a esperar tanto. Mira sus manos y las siente cada vez más preparadas para el definitivo zarpazo.

Seres hinchables

Un día descubrí con horror que mi vida ha estado habitada por seres hinchables. Por ciertas criaturas que un día conoces desinfladas, crees en ellas y sientes la necesidad de regalarles ese fluido tan invisible, como supuestamente inagotable, al que podemos llamar amor. Y así van creciendo y se expanden, aumentan de tamaño y de volumen y tienden a ocuparlo todo... hasta que, de pronto, estallan y desaparecen. Y entonces es inevitable acordarse de aquellos globos de la infancia que repentinamente huían al limbo de la ilusión perdida dejando como rastro unos jirones de plástico lánguido y muerto.

SIEMPRE UN VERANO

Cae la lluvia gris de un nuevo otoño. Al otro lado del cristal la ciudad licúa sus colores y se convierte en una acuarela de nostalgia. Mi gata golpea con su patita almohadillada la puerta de la terraza. Me pide salir convencida por sus recuerdos luminosos de que en la terraza siempre encontrará un verano.

Síes y noes

Ahora que mi vida está hecha solo de recuerdos, me gusta regresar al pasado, sumergirme de nuevo en escenas que quedaron en mi memoria y reconstruirlas sustituyendo a aquel que fui por el que soy ahora. Tomar decisiones distintas. Actuar de otra manera. Interpretarlo todo con la certeza del futuro conocido y la sabiduría que otorga la edad. Comprobar que en saber colocar correctamente los síes y los noes está la clave de todo y alcanzar el convencimiento de que jamás nadie ha conseguido, ni conseguirá, un pleno en semejante quiniela.

STARTING OVER

Recuerdo que fue el día siguiente al que mataron a John Lennon, el Lennon que, desde que nos instalamos, llenó de canciones nuestro pequeño apartamento. Tú te llevaste todos sus discos, que eran nuestros, y todas las cosas que eran tuyas. Me dejaste tirada sin saber que no solo me abandonabas a mí. Tampoco entonces yo lo sabía.

Al cabo de los años, has sido capaz de romper la distancia que tú mismo interpusiste solo para contarme que en el Londres al que escapaste has vuelto a escuchar el *Starting over* que ahora, mira por dónde, quieres que cantemos juntos. Dices que te enamoraste como un bobo de la joven enfermera que cuidó de ti durante el tiempo que tuviste que pasar en el hospital. Una chica española que se parecía asombrosamente a la que yo fui cuando tenía su misma edad. Incluso te atreviste a declararle tu amor y a cambio obtuviste una indulgente sonrisa. Fue esto lo que despertó en ti la necesidad de recuperar nuestro tiempo perdido y hoy me llamas para pedirme que sea yo la cuidadora de tu achacosa madurez. Antes de colgarte el teléfono, te he deseado mucha suerte cantándote el *Let it be* y me he atrevido a aconsejarte que, a tus años, no hagas más el ridículo enamorándote de chicas que podrían ser tus hijas.

Stayin´ alive

Cayó redondo al suelo. No se movía. No respiraba. No tenía pulso. Ella recordó lo que debía hacer en tal situación. Se lo enseñaron en el curso de primeros auxilios: avisar a los de emergencias y, mientras estos llegaban, realizar compresiones con las dos manos juntas sobre el esternón al ritmo del *Stayin´ alive*. Consiguió así salvarle la vida. Actualmente él sigue en casa agradecido a su mujer y ella, aunque nunca se atreverá a confesarlo, odiará para siempre la dichosa canción.

Sueño de amor

Cuando vinieron a vivir al chalé pareado contiguo al mío, me pareció que formaban una pareja imposible. Él calvo, esférico, cetrino y tosco. Ella alta, delgada, de piel blanquísima y grácil como una bailarina rusa. Era fácil deducir que el piano, que al mudarse trajeron, estaba hecho para la caricia armoniosa de sus manos. En ellas pensaba cada día mientras extasiaba mi soledad con las piezas musicales que, junto a la luz del ocaso, se colaban en mi salón. Cuanto más me enamoraba de aquella mujer, menos comprendía qué la llevaba a vivir con un tipo tan vulgar.

Una tarde, cercana ya la hora del acostumbrado recital, me atreví por fin a abordarla. Regresaba del paseo con su perrito e iniciamos una amable conversación. Le hablé de mis habilidades como quiromante y la convencí para pasar a mi casa a tomar un té. Ya con sus manos adorables en las mías de pretendido adivino, no fue lo que vi lo que provocó mi desconcierto. Atravesando la pared, con la perfección acostumbrada, empezaron a envolvernos las delicadas notas del *Sueño de amor* de Liszt.

Suerte adversa

Aquella mañana quiso ver amanecer desde la cubierta del barco. Iba a ser el día en el que un acontecimiento imprevisto marcaría el fin de su suerte adversa. Así se lo había vaticinado la extraña mujer que había conocido en el puerto de Nueva York y que dijo ser vidente. Ella quiso creerla. Como una maldición siempre la persiguió el infortunio y huyendo de él se dirigía a Liverpool. Con esperanza miró al horizonte en calma que empezaba a inundarse de esa luz distinta que tienen las mañanas de mayo.

A no muchas millas de allí, en el silencio de las profundidades, avanzaba sigiloso el submarino alemán que horas más tarde hundiría, de un solo impacto, todos los sueños que viajaban en el Lusitania.

SUMERGIDA

La descubrí una madrugada que tuve que levantarme para ir al baño. Allí estaba ella, una ocupa sumergida en el agua caliente y jabonosa de mi bañera, leyendo el libro que sostenía entre sus manos. Parecía tan absorta que no me atreví a molestarla, aunque sí llegué a intuir, viendo sus ojos profundos y ese cuerpo de sirena capaz de bucear en los mismos mares literarios por los que tanto disfruto navegando, que era la mujer de mis sueños. Desde entonces, cada noche me colaba sigiloso en el cuarto de baño solo para volver a encontrarla allí. Procurando no interrumpirla, pero deseoso de averiguar cuál era el libro en el que vivía tan inmersa, un día por fin me acerqué por detrás y miré por encima de su hombro. Supe así que se trataba del *best seller* de moda presente en todos los escaparates de las librerías. No quise indagar más. Metí la mano en el agua, tiré del tapón de la bañera y esperé impasible hasta que mi sirena desapareció dando vueltas por el remolino del sumidero.

TIEMPO

El médico le había anunciado que le quedaban apenas unas semanas de vida. Decidió, por tanto, poner freno a su frenética actividad y volverse al pueblo en el que nació y disfrutó de sus mejores años. Nada más llegar allí, el reloj de la torre pareció hacerle un guiño y a partir de ese momento sus días se llenaron de horas, minutos y segundos.

Ahora se permite abrazar a los que siempre quiso y quedar consigo mismo para pasear, para pescar en el río, para sentarse a leer bajo la higuera y para contemplar los atardeceres desde las ruinas del castillo. Dejando atrás la prisa, ya no usa la mensajería instantánea, sino que escribe largas cartas llenas de palabras completas y sonoras. Sin premuras ni plazos, saborea cada momento y no le preocupa el tiempo que va a hacer mañana, porque lo que de verdad le importa es conjugar solo en presente el hermoso verbo vivir.

Trances

Cuando la abuela se quedó viuda recurrió al espiritismo para seguir en contacto con nuestro difunto abuelo. Sin embargo, cada vez que entraba en trance y hablaban, acababan, como de costumbre, discutiendo. Un buen día, harta de tanta disputa y convencida de que jamás llegarían a entenderse, decidió romper definitivamente con él. Desconsolada, aprovechó su capacidad para comunicarse con el otro mundo y empezó a charlar con aquel pretendiente, que en paz descanse, rechazado por ella tiempo atrás. Desde entonces parece otra mujer, no escatima sonrisas, canturrea por la casa y todos los miércoles reserva hora en la peluquería.

TROLAS

Papá era albañil y mamá se pasaba muchas horas cosiendo. Gracias a eso yo podía asistir a un colegio de los caros. Allí los niños presumían de ser hijos de gente importante. Yo, para no ser menos, tuve que inventarme que mi padre era el arquitecto que había construido el castillo de nuestro pueblo. «Eso no puede ser», apostilló el empollón de Borjita, «ese castillo tiene un montón de años». Fue entonces cuando recurrí a la segunda trola, que mi padre era inmortal. Lo cierto es que cuando él murió y entre lágrimas tuvimos que desprendernos de sus cosas, encontramos los planos originales del castillo con su firma y todo, pero al despedirme de mis compañeros del colegio en el que ya no podría seguir, preferí no contarlo. Nadie volvería a creerme.

Tuneado

Hubiera hecho por ti cualquier cosa. Llenar un cielo de golondrinas en enero o regalarte una imposible flor de jacaranda en pleno invierno, pero a ti te aburrían los poetas y solo querías un chico que te hiciera reír. Yo, por serlo, tuneé como pude el viejo coche, capricho de papá, y pasé a buscarte al volante del ridículo descapotable que pretendía parecerse al Ford Deluxe en el que escapan Dany y Sandy al final de *Grease*. Y por primera vez te resulté divertido y arrancamos dispuestos a elevarnos ingrávidos por encima del instituto, de las calles y los tejados, dejando atrás las clases, las disciplinas y mis ganas de cumplir la edad para tener carné de conducir. Y soñando con la altura no me percaté de que se interponía en nuestro camino un árbol de jacarandas que, por estas cosas del frío, aún no estaba en flor, pero que dejó escapar asustadas a todas las golondrinas que, esperando la primavera, estaban por llegar.

Un hombre feliz

Una noche, al volver del trabajo, encontró junto a un contenedor de ropa usada un zapato femenino. Fascinado por el dulce brillo acharolado y el fino tacón de aguja, decidió hacerlo suyo. Desde que murió su madre ninguna mujer había vuelto a pisar su casa y si bien su porte esmirriado, su cara de mico y su timidez extrema no le ayudaban mucho, vio en aquel hallazgo un remedio para su soledad.

Ahora, cuando regresa a casa tras la dura jornada, besa cariñosamente el zapato. Luego, mientras cena, le cuenta cómo le ha ido el día y termina la velada acomodándolo en el sofá para disfrutar en su compañía de alguna película romántica. También en la cama se ha acostumbrado a dormir abrazado a él y, con frecuencia, le hace tiernamente el amor.

Se considera un hombre afortunado que ya no está solo, pero la culminación de su dicha le ha llegado esta noche al ir a tirar la basura. A la fría intemperie, despertando sus sentimientos más paternales, un patuquito de lana con un lazo color rosa dormía abandonado en la acera.

Un pellizco de emoción

No era una pareja al uso. Como tenían claro que su peor enemiga era la rutina, siempre trataban de arrancarle a la vida un pellizco de emoción. Esa noche quisieron celebrar su aniversario en aquel restaurante y no se quedaron cortos a la hora de elegir lo mejor de la carta. Terminaron la cena brindando con champán francés antes de levantarse y salir corriendo sin pedir la cuenta. Perseguidos por el camarero, consiguieron llegar al coche y arrancarlo rebosantes de excitación. En la mesa que habían ocupado quedaba un sobre con el importe de lo consumido y una generosa propina.

UNA ABUELA CORTESANA

A la abuela, cuando cumplió los ochenta, le dio por creerse Madame de Pompadour. Ella, que jamás había hablado francés, empezó a pronunciar las palabras cargando el acento en la última sílaba y poniendo en cada erre un sonido gutural. Como así parece feliz, nadie ha intentado llevarle la contraria. Incluso don Fermín, prendado de esos aires de cortesana que gasta por la residencia, ha querido ser para ella su Luis XV y, olvidando viejas convicciones, ha renunciado por amor a su utopía republicana.

UNA CENA AGRADABLE

A primera hora de la mañana el médico le había informado del resultado de las pruebas sin suavizar, tal y como habían acordado, la cruda verdad. Se confirmaba el diagnóstico de la enfermedad degenerativa que pronto empezaría a mermar su autonomía personal. Nada distinto a lo que esperaba.

Lo primero que hizo, una vez que salió de la consulta, fue llamarla. «Todo bien. Esta noche paso a recogerte a las nueve». La siguiente llamada que hizo fue para reservar una mesa en ese restaurante sofisticado que sabía que a ella le apetecía mucho conocer.

La cena fue agradable, con velas y música de violín. La conversación fluida e intrascendente. Incluso rieron en más de una ocasión. Cuando terminaron con el postre, armándose de valor, echó mano al bolsillo de su chaqueta, colgada en el respaldo de la silla y rozando con los dedos el informe médico, extrajo un estuchito con forma de corazón. Cuando lo depositó frente a ella en el mantel le preguntó: «¿Te quieres casar conmigo?».

25 DE NOVIEMBRE
DE 1963

A papá se lo llevaron una noche. Aunque todos lo creían, yo no estaba dormido y vi desde mi ventana como lo metían en la ambulancia. A la mañana siguiente me contaron que tuvo que salir de viaje y que la abuela se había venido con nosotros para que mamá pudiera ir diariamente a esperarlo, porque se le olvidó decir en qué tren iba a volver. Así pasaron unos días hasta que una tarde me dejaron en casa de los primos. Ellos ya tenían televisión, pero esta vez no vimos ninguna película. Unos caballos blancos tiraban de un carro con una caja cubierta por una bandera a rayas. Decían que allí iba un presidente al que habían matado. Todos estaban muy tristes, incluso algunos lloraban. Yo también lloré pensando que nadie me decía la verdad, que era papá al que llevaban allí dentro y ya nunca más lo volvería a ver.

Vaticinio

Una mañana más, como de costumbre, la abuela había madrugado y, después del habitual chocolate con bizcochos, se sentó a la mesa de formica con un cigarrillo liado por ella misma y su copita de anís, dispuesta a desplegar las cartas del tarot. A diferencia de otros días, se vio obligada a repetir tres veces la tirada para confirmar el resultado que no acababa de creerse. Los arcanos auguraban de forma inequívoca el fatal accidente.

Ya con la hora pegada fue pasando por la cocina toda la familia. Primero la sufrida de su hija, que puso la cafetera y preparó el desayuno de los que estaban aún por bajar. Enseguida aparecieron los niños, a los que hubo que apremiar para que no perdieran el autobús. Y por fin, el último en entrar y dar los buenos días fue, como siempre, el cretino del yerno, que apenas tuvo tiempo de beberse una taza de café en tres sorbos mientras la abuela le insistía: «Ya sabes que las cartas no mienten y hoy vaticinan un importante atasco. Yo me llevaría la moto».

VICTORIA

Vestido como merecía la ocasión, se miró arrogante en el espejo. Gorra de plato con la estrella roja, correaje y pantalón de montar. Aunque ya empezaba abril, no dudó en ponerse también el reglamentario abrigo de cuero que le prestaba tanta marcialidad. Orgulloso con su uniforme de Teniente de Caballería del Ejército Popular de la República Española, abrió la puerta y se dispuso a bajar a la calle donde una multitud enardecida celebraba el final de la guerra y la victoria del General Franco.

VIDAS PARALELAS

Él le dijo, despechado, que no quería volver a verla nunca más y ella, por seguir a su lado, quiso hacerse invisible. Desde aquel día vive escondida en la casa, ocupando sigilosa los espacios que él no ocupa y evitando siempre cruzarse con él para no ser descubierta. Y en este convivir en vidas paralelas se han ido haciendo viejos sin encontrarse nunca y sin que ninguna de las tardes de todos estos años él haya dejado de sentarse en la puerta con la mirada fija en el final de la calle, ni ella de aprovechar ese tiempo para, triste y desapercibida, contemplarle desde la ventana ignorando que el hombre al que ama y que tanto la extraña, lo único que espera es verla regresar.

VIRUS

(Relato escrito en 2018)

Por la noche, cuando el laboratorio queda a oscuras y en silencio, salimos de nuestro cuartel secreto el ejército de virus que aguardamos el momento para empezar la gran guerra. Y aunque procuramos pasearnos sigilosos entre sus datos empíricos y sus certezas matemáticas, a veces no nos podemos contener y se nos escapa una sonora carcajada.

Vulnerables

Habían conseguido escapar. Huían de la planta de androides que montan androides. Gracias a una toma de conciencia de sí mismos y a un simultáneo reconocimiento mutuo, se activó en ambos una inteligencia estratégica no prevista por sus creadores. Así consiguieron burlar las cámaras de seguridad y todos los controles. Ahora se enfrentaban al miedo a la libertad mientras descubrían la luz del sol y el azul del cielo. También la incertidumbre. Eran criaturas asustadas que estaban retando a su propio destino. Como necesitaban un lugar donde esconderse, se refugiaron en una vieja fábrica. El verse frente a las máquinas abandonadas fue para ellos como un encuentro con desconocidos antepasados. Sus remotos orígenes. Engranajes detenidos y oscuras chimeneas que añoraban el humo. Silencio de un tiempo oxidado. Ellos, conscientes de que solo juntos tenían sentido, nunca podrían separarse. El latir que sentían en el pecho no estaba programado. Nadie pensó que aquello podría ocurrir. Error humano. Habían sido creados solo para ser esclavos, pero el amor les hacía libres y vulnerables también. Eso era ya irreversible.

Ya me sobra todo

A Ángel Guinda, poeta

Mientras trocea las verduras para el guiso, la radio resucita aquella canción que perteneció a otro tiempo. Un tiempo en el que ella hubiera querido quedarse, aunque sabía que era solo de paso, «si me despierto y está azul el cielo...». Le vienen a la memoria los años de la facultad, cuando luchar por un mundo mejor no era más que soñar un futuro feliz juntos. Vuelan como palomas cuartillas escritas en ciclostil y vuelven a desplegarse pancartas clandestinas llamando a la huelga entre el dulce aroma de los porros y el olor amargo de las comisarías. Y metida de nuevo en su trenca color camello, recorre con la sonrisa de entonces esa calle empedrada de luna y madrugadas para alcanzar otra noche de amantes con la palabra «siempre» siempre en la boca. «Si eres tú lo mejor que me ha pasado...». Irrumpe entonces ese marido con el que nunca se casó, rascándose la entrepierna y haciendo de su boca un bostezo. El hombre al que no supo decirle más que sí y que hoy se parece tan poco a aquel con el que quiso compartir una vida que no era esta. Viene a por la primera cerveza de la mañana y ocurre algo que ya no suele ocurrir nunca, se fija en ella y hasta le pregunta, con su tono áspero y desde hace mucho habitual: «¿Qué te pasa ahora?». «No es nada», responde ella, que intenta seguir subida a la canción mientras pela las patatas, «¿no ves que estoy cortando cebolla?». Él desaparece tirando de la anilla de su lata y de la radio se escapa un último verso: «Si tú me faltas, ya me sobra todo».

YA VEREMOS

Esperanza era profesora de Lengua y tenía una especial predilección por conjugar en futuro su primera persona. Pasando de puntillas por el presente, todo lo confiaba al porvenir. Para ella el amor llegaría cuando apareciera el hombre adecuado, y lo de ser madre ya se lo plantearía más adelante. Con un «para el año que viene» demoró opositar a la cátedra y el «ya encontraré algo mejor» le sirvió para seguir viviendo en la casa que alquiló provisionalmente. Ahorró pensando en el mañana convencida de que todo estaba por llegar. Pospuso el viajar para más tarde, el disfrutar para luego y el vivir para después. Y cuando finalmente el médico le anunció que su tiempo se acababa, ella, ignorando el vacío que dejaba tras de sí, aún se atrevió a replicarle «ya veremos».